JN307824

継体天皇と朝鮮半島の謎

水谷千秋

文春新書

925

継体天皇と朝鮮半島の謎　目次

はじめに

拙著『謎の大王　継体天皇』が上梓されたのは、二〇〇一（平成十三）年九月二十日のことだった。もう十二年になる。私にとって初めて書きあげた新書だったが、青二才の無名研究者が書いた本に、どれだけの人が関心をもってくれるのか、全く自信が無かった。

本が出た翌日の朝、京都の自宅で新聞を見て驚いた。一面の見出しに大きな字で「継体天皇」とあったからである。よく読むと、この天皇の真の御陵と言われる大阪府高槻市の今城塚《いましろづか》古墳から、人や動物や建物をかたどった大量の埴輪群が発見されたという報道であった。今城塚古墳のことは拙著でもとりあげていたが、このような大きな発掘成果があったとは全く知らなかった。ちょうどアメリカの同時多発テロ事件があった直後で、連日その関連のニュースが一面トップを占めていた頃だった。新聞社にすれば、事件から九日経ってそろそろ違うニュース、それも明るいニュースが欲しいころだったのかもしれない。それにしても私の本が出た次の日とは。

数日後に行われた現地説明会には私も足を運んだが、あとで聞くと三千人の人が詰めかけたという。この古墳にはもう何度も訪れていたけれど、これほど多くの人がいたのは初めてのことだった。なかなか進まぬ行列に並び、ようやくのこと古墳の外堤部に立てられた人物や動物、家や太刀などを模した崩れかけた埴輪を垣間見ることが出来た。帰途、高槻駅前の百貨店の書籍売り場に寄ってみると、広い店内に何故か私の本は一冊も無かった。

この古墳に葬られている継体天皇は、『古事記』では近江の出身、『日本書紀』では近江で生まれ、幼少期に越前三国（現福井県坂井市）に移りここで育ったと記されている。応神天皇から数えて五代目に当たるというから、父も祖父も曾祖父も天皇ではなかった。普通なら天皇になれそうもない遠い傍系の王族である。五十七歳の時に、それまでの王統の血が途絶え、彼に白羽の矢が立った。大和から越前まで派遣された使者は、一目見てこの人こそ天皇にふさわしいと感じたというが、『日本書紀』の記述がどこまで史実を伝えているのか疑う声も多い。しかも彼は即位しても、二十年間は大和盆地の外に都を置き続け、大和盆地の磐余玉穂宮《いわれたまほのみや》を都としたのは、亡くなるようやく五年から八年前のことだった。継体天皇の段階で王統の血は断絶しているのではないか、実は彼は応神天皇五世孫などではなく、単なる近江か越前の地方豪族で、実力で王位を奪い取ったのではないか、という説も戦後唱えられてきた。まさに謎の大王である。

今城塚古墳の大発見もあってか、無名の若手研究者が書いた本であるにもかかわらず、拙著は意外にも多くの読者を得た。その後も版を重ねてきたが、発表後十年を経て、今城塚以外にも多くの発見があり、さまざまな研究成果が積み重ねられてきた。

また西暦二〇〇七年は、『日本書紀』の紀年によれば、継体天皇即位から千五百年にあたる、まさに千載一遇の年であった。彼の故郷とされる福井県では各地でシンポジウムや講演会が催されたし、この年の元日から地元の福井新聞では、「大王がゆく」という熱のこもった特集記事が二十日間にわたって連載された。継体天皇が即位した「樟葉宮《くずはのみや》」の所在地とされる大阪府枚方市では、ちょうど即位したとされる二月四日に著名な研究者を集めてシンポジウムが開催された。東京でも十一月に大阪・滋賀・福井それぞれから研究者を招いて、明治大学で大きなシンポジウムが開かれたが、これも大いに盛況であった。

こうした機会に継体天皇のことを初めて知ったという人も多くおられたことと思う。研究者たちもこれらの機会に活発な議論を行うことで、学んだものは大きかったに違いない。

実は私も滋賀県高島市主催のシンポジウムにコーディネーターとして関わり、二〇〇七年から四年にわたって、その司会を務めさせていただき、この機会に多くの新しい研究成果を学ぶことができた。新しく考え得たこと、今までの考えにいくらか修正をしたこともある。前著発表十年を経て、新たな研究成果を世に問う決心を固めた理由である。

＊本書で引用した『古事記』は主として倉野憲司校注『古事記』(岩波文庫、一九六三年)に、日本書紀は『新編日本古典文学全集　日本書紀』(小学館、一九九六年)に拠った。

継体天皇関係地図

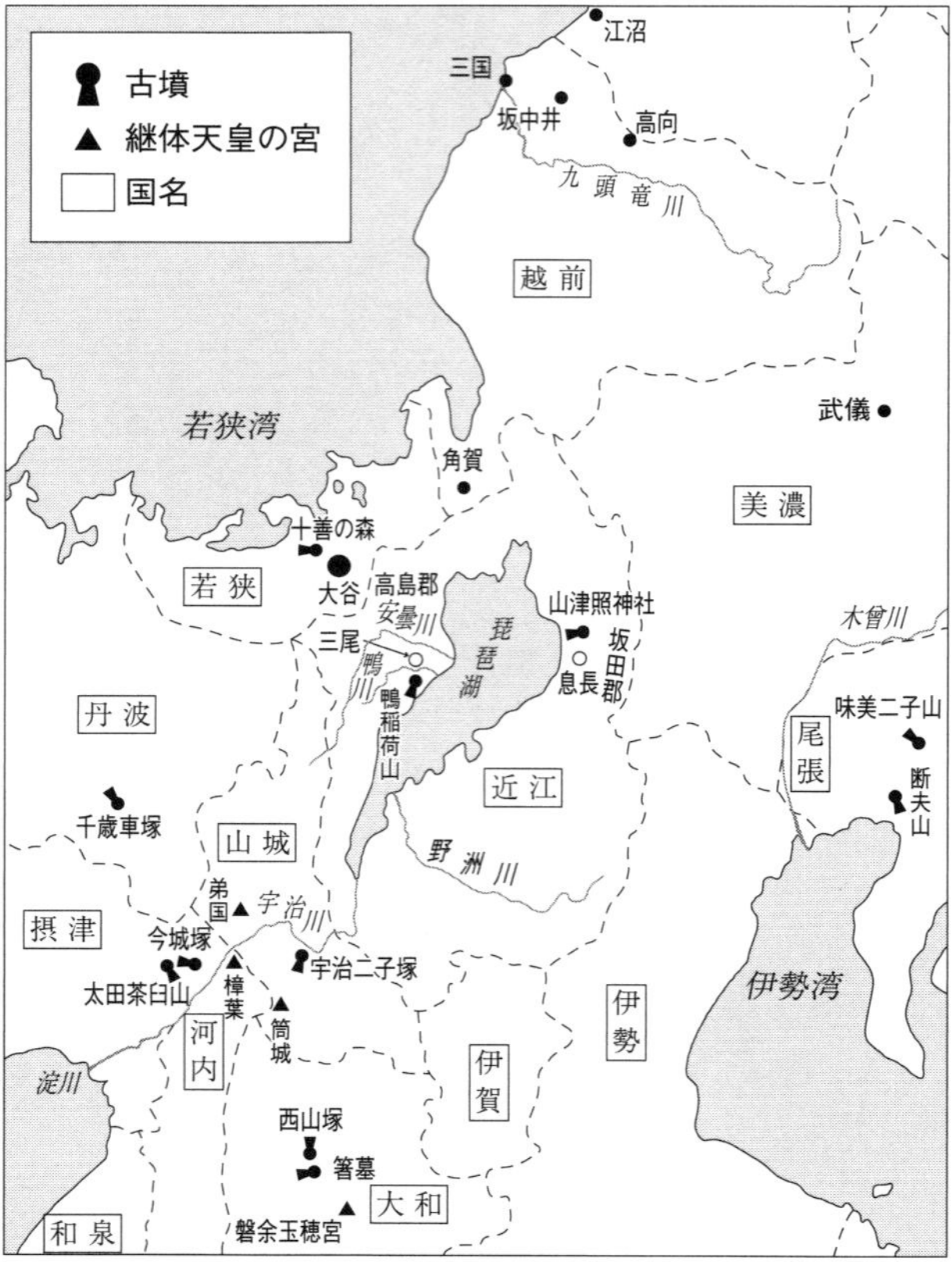
古墳
継体天皇の宮
国名
江沼
三国
坂中井
高向
九頭竜川
越前
若狭湾
武儀
角賀
美濃
十善の森
大谷
高島郡
安曇川
若狭
山津照神社
坂田郡
息長
木曽川
三尾
鴨川
鴨稲荷山
琵琶湖
丹波
味美二子山
尾張
断夫山
近江
千歳車塚
山城
野洲川
弟国
宇治川
摂津
今城塚
宇治二子塚
太田茶臼山
樟葉
筒城
伊勢
伊勢湾
河内
伊賀
淀川
西山塚
箸墓
大和
和泉
磐余玉穂宮

第一章　新たな謎の始まり

今城塚古墳の埴輪群

現在、天皇陵とされる古墳には、周知のとおり発掘調査も立ち入りも許されていない。明治以来、政府によって継体天皇陵とされてきたのは、茨木市にある太田茶臼山《ちゃうすやま》古墳であった。しかしこの古墳は五世紀中葉の造営と見られており、継体天皇の御陵とするには半世紀以上も古すぎる。現在ほとんどの考古学者が真の継体天皇陵と考えているのは、この古墳から東へ約二キロの所にある、「はじめに」でもとりあげた今城塚古墳である。ただこの古墳は、中世には砦として使用され、その際に大幅な改修を施された。その後も一五九六（文禄五）年に起きた伏見大地震（マグニチュード約8）で墳丘が崩壊し、江戸時代には内濠の一部が田畠として開墾されたこともあって、随分荒涼とした姿をさらしていた。私が初めてこの古墳を訪れたのは一九八五年ころだったが、当時墳丘は草木が繁茂して伸び放題、濠の一部は釣り堀として近隣の人たちに利用されていた。

一九九七年になってようやく念願の発掘調査が高槻市によって始まった。二〇〇一年に発見され話題になった大量の埴輪群は、古墳の内堤に付設された張り出し部と呼ばれる約六五〇平方メートルの区画に並べられていたものであった。長年高槻市の文化財行政に携り、このときの発掘も指導された森田克行氏は、この埴輪群を継体天皇の葬送儀礼、とりわけその殯宮《ひんきゆう》儀礼の様子を再現したものである、とした。殯《もがり》とは、「人の死後、埋葬するまでの間、遺体を小屋内に安置したり、さらには仮埋葬しておき、その期間中、遺族や近親者が小屋に籠って諸儀礼を尽くして奉仕する、わが国古代において普遍的に行われた葬制」（和田萃《あつむ》氏）である。

埴輪群が立ち並ぶ張り出し部は、柵型をした埴輪によって四つの区画に分けられている。それぞれに力士や武人、巫女などの人物群、馬の隊列や牛、水鳥、鶏、入母屋造りの大型の家や切妻造りの家、獣の脚などが配置されている。森田氏はこの四つの区画のうち、最も奥の区画に置かれた片流れ造りの小さな家が、継体の喪屋《もや》だと言う。ここに継体天皇の遺体が安置され、彼の肉親がこれにつきそい、嘆き、哭泣し、招魂の儀礼をおこなった。殯宮儀礼の核心となる儀礼を再現しているのだというのである。森田説には一部異論もあるけれども、現在最も有力な説と言ってよいであろう。

二〇一一（平成二十三）年四月、この今城塚古墳の整備が完成し、そのかたわらに高槻市立今城塚古代歴史館（森田克行館長）が開館した。長年進められてきたこの古墳の発掘と研究の集大成がここに展示されている。古墳も整備が完成し、「いましろ大王の杜」という古墳公園に生まれかわった。二百体以上の形象埴輪が埋まっていた古墳外堤部には、これらの復元埴輪が並べられている。

ちなみに現在の考古学者の多くは、今城塚古墳は被葬者の生前から造られ始めた寿陵であろうと考えている。三嶋と呼ばれるこの地に墓を定めたのは、他ならぬ継体天皇自身だというのである。

新池埴輪工房と継体の石棺

現在ではこれらの大埴輪群をどこで焼成したのかも判明している。今城塚古墳の西約二キロのところにある新池《しんいけ》遺跡である。ここはおよそ一万平方メートルの広さをもつ一大埴輪窯跡で、『日本書紀』にも「摂津国三嶋郡埴廬《はにいお》」という地名がみえ、中世の史料には「土室《はむろ》」という地名が記されている。一九八八年から一九九六年にかけて三回にわたって高槻市による発掘調査が行われ、その全貌が明らかになった。埴輪を焼いた窯は三つの時期に分類され、最初のA期は埴輪窯三基と埴輪工房三基、次のB期は埴輪窯五基、最終のC期からは埴輪窯十基と工人住居兼工房五~六基が発見された。それぞれA期は五世紀中

今城塚古代歴史館の復元石棺（阿蘇馬門のピンク石）

ころ、B期は五世紀後半ころ、C期は六世紀の前半から中ころと推定されている。A期は太田茶臼山古墳の埴輪、C期は今城塚古墳の埴輪を焼くために稼働したのだった。

古代歴史館の館内には、今城塚古墳の三基の石棺の復元が展示されている。古墳からは四百年前の伏見大地震で粉々になった石棺の破片とおぼしきものが発見されていて、そこから復元したものである。石の種類は三種類、大阪と奈良にまたがる二上山《にじようざん》の白石、兵庫県西部の竜山《たつやま》石、熊本県阿蘇の馬門《まかど》で採れるピンク石、である。このうちの一基は間違いなく継体天皇自身を納めた棺であるとして、あとの二基は誰を葬った棺なのか。またなぜこの三種の石、とりわけ九州阿蘇の石が継体天皇の御陵に使われているのか、新たな謎が浮上した。

大王の棺、熊本から大阪へ

二〇〇五年七月二十四日、復元された古代の船が、約五百人の市民・子どもたちに見送られて熊本県宇土《うと》市の港から大阪湾に向けて出発した。積まれているのは、地元の石材を掘り出して復元された継体天皇の石棺である。行く先は継体の墓とされる今城塚古墳だ。先に記したように、今城塚古墳から発見された三基の石棺の破片のうちのひとつが、この宇土市から採れる阿蘇ピンク石であった。畿内から離れたこの肥後の国の石が、なぜ継体陵の石棺として選ばれたのか。どのようにして長い航海を運ばれていったのか。それらの問題を解くための実験航海である。地元で長年発掘を行ってこられた高木恭二氏の発案と努力が、読売新聞西部本社、日本財団、宇土市などと、多くの人々の協力・支援を得て実現した。

この日、七トンの重さの石棺が地元の百五十人の小中学生によって修羅という巨大なソリのような乗り物を使って運ばれ、宇土マリーナに待つ復元された古代船に載せられ、船は水産大学の屈強な学生十五名の漕ぎ手によって出発した。宇土市を出発してひと月かけて、八月二十六日、船は大阪南港に到着した。棺はさらに高槻市まで運ばれ、そこからは再び修羅で今城塚古墳に運ばれた。

高木氏も力説するように、この航海は単なる「打ち上げ花火的な地域起こしイベント」ではない。この実験によって多くの研究成果が明らかになった。たとえば、千五百年前の航海では、今回よりも長い八十五〜九十日は要したろうこと、石棺は蓋と身とに分けられて船に搭載されたとみられること、船の漕ぎ手も五十人以上は必要とされたことなどが、推測されるに至った。彼ら船団関係者の水や食料、また停泊地の確保などそれぞれの寄港地の協力も必須であり、有明海から玄界灘、瀬戸内一帯の首長たちの関与も当然考えなければならない。

高木氏や和田晴吾氏らが言うように、約一〇〇〇キロメートルの海を越えた石棺の大移動は、古代王権のデモンストレーションとしての宣伝効果もあったのだろう。それにしても、遠い肥後国の石材がどうして継体天皇の棺に選ばれたのか。ちょうどこの前後の時期に起きた磐井《いわい》の乱とどう関わるのか。解明すべき問題は多い。

『古事記』の所伝

『古事記』武烈天皇段は、継体天皇の出自と即位事情について以下のように伝えている。

天皇既に崩《かんあが》りまして、日続《ひつぎ》知らすべき王無かりき。故《かれ》、品太《ほむだ》天皇（応神）の五世の孫、袁本杼《をほど》命（継体）を近淡海《ちかつおうみ》国より上り坐《いま》さしめて、手白髪《たしらか》命に合《めあ》わせて天下を授け奉りき。

（武烈天皇が崩御されて皇位を継ぐべき皇子がいなくなってしまった。そこで応神天皇五世孫にあたる継体天皇を近江国より上京させて、手白髪命に娶わせて天下をお授けした）

子どものなかった武烈天皇が崩御し、王位を継ぐべき王（大王を父に持つ男王の意）がいなくなったのを受けて、応神五世孫の継体を近江から上京させ、仁賢《にんけん》天皇の皇女手白髪命と結婚させ、王位を授けたというのである。短い文章ではあるけれども、継体が近江出身であること、前の王統の皇女手白髪命との結婚をいわば条件として即位を認められた、入り婿的な王位継承であったことなどが読みとれよう。

継体天皇の死と御陵について、『古事記』は以下のように記している。

天皇の御年、四十三歳。［丁未の年の四月九日に崩りましき。］御陵は三嶋之藍御陵《みしまのあいみささぎ》なり。

（天皇は四十三歳で亡くなった。［丁未の年〈西暦五二七年〉、四月九日に崩御された。］御陵は三嶋之藍御陵である）


『古事記』は四十三歳で崩じたとしているが、これではあまりに若すぎる。のちにも記すが『日本書紀』の八十二歳で崩じたという所伝の方がより信頼に値するであろう。

今城塚古墳が造営された摂津国の三嶋は、奈佐原《なさはら》丘陵の麓、芥川と女瀬《にょぜ》川の間に挟まれたところにある。このふたつの川はいずれも淀川の支流で、淀川は琵琶湖から流れ出、大阪湾に注ぐ大河である。最初に即位した樟葉宮、即位五年目に移った筒城《つつき》宮、十二年に移った弟国《おとくに》宮、いずれもこの河とその支流の流域に営まれた。それは彼の故郷である琵琶湖の北の高島郡やその対岸の坂田郡、そのまた北の若狭や越前にも通ずる、人と物の交通の大動脈であった。

しかしこの淀川の流域は、継体以前の大王たちには馴染みの薄いところであった。五世紀後半に覇を唱えた一代の大王雄略（ワカタケル大王）は、大和川のほとりの磯城《しき》（初瀬）

に宮を構えている。他の大王たちも皆、大和川流域の大和や河内に宮を営み、前方後円墳を造営してきた。

この雄略天皇は、王の座を得るまでに何人もの兄弟や従弟たちを容赦なく殺害してきた。政治的・軍事的な天才性・先見性を備える反面、狂気ともいえるある種の凶暴性をもつ人物であった。『古事記』によれば、彼に殺された人物は、王族では兄の黒日子《くろひこ》王、白日子《しろひこ》王、目弱《まよわ》王、市辺忍歯《いちのべおしは》王、豪族では葛城《かつらぎ》氏の都夫良意富美《つぶらのおほみ》、『日本書紀』にはこのほか御馬《みま》皇子、大津馬飼《うまかい》、百済池津媛《くだらのいけつひめ》、吉備下道臣前津屋《きびしもつみちのおみさきつや》、凡河内直香賜《おおしこうちのあたいかたぶ》などがいる。王位を得るためのライバルであったために殺された王族もいれば、反乱を企てたり雄略の不興を買って殺された豪族もいる。とりわけ当時最大の政権パートナーであった葛城氏と対決したこと、また瀬戸内海の雄族吉備氏に軍を送りこれを制圧したのは特筆すべきだろう。大王権力を突出したものにすべく、彼は大和政権を牽引した。

雄略天皇とその時代

現在、宮内庁によって雄略天皇陵とされているのは、大阪府羽曳野市にある島泉《しまいずみ》丸山古墳であるが、この古墳は一見前方後円墳のように見えて、実は全長七五メートルの円墳にすぎない。近代になって御陵に指定する際に、隣接する方墳と接合して前方後円墳のように仕立て上げたものなのである。したがってこれを本当に雄略天皇陵だと考える考古学者は少ない。

これに代わって真の雄略陵の有力候補とされているのが、藤井寺市にある現・仲哀《ちゅうあい》天皇陵の岡ミサンザイ古墳である。雄略陵は、『古事記』に「御陵は河内之多治比高鸇《たじひたかわし》にあり」、『日本書紀』には清寧《せいねい》元年十月条に「丹比高鷲陵《たじひたかわし》」、『延喜式《えんぎしき》』諸陵寮条には「丹比高鷲原陵　河内国丹比郡」とあるが、この古墳は五世紀末ころの築造で、全長二三八メートル、時期的にもその規模からも雄略陵にふさわしい。全国的に前方後円墳は五世紀中ころに大型化のピークを迎え、以後次第に小さくなり、またその数も減少していく。そのなかにあってこの岡ミサンザイ古墳の大きさは際立っており、ここにも雄略の王権の専制ぶりがうかがえる。

外交においても雄略は画期となる政策を打ち出している。五世紀の大王が五代にわたって当時の中国南朝宋に朝貢し、その代わりに「某」将軍・倭国王といった称号を授けられてきたことはよく知られている。倭讃《わさん》に始まり珍《ちん》・済《せい》・興《こう》・武《ぶ》と約六十年にわたって続いてきたこの対宋外交を、武、すなわち雄略は打ち切ったのであった。何代にもわたって朝貢しても、望んだ通りの称号がもらえないことに見切りを付けたのではないかとも言われる。『宋書』倭国伝によると、四三八年に倭王（珍）が宋に求めたのは、「使持節《しじせつ》、都督倭《ととくわ》・百済《くだら》・新羅《しらぎ》・任那《みまな》・秦韓《しんかん》・慕韓《ぼかん》六国諸軍事、安東大将軍・倭国王」という称号であった。しかし彼が実際にもらったのは、「安東将軍・倭国王」でしかなかった。その四十年後、武がもらったのは「使持節、都督倭・新羅・任那・加羅・秦韓・慕韓六国諸軍事、安東大将軍・倭国王」だったが、ここでも倭が欲しかった「百済」が抜け落ちている。百済への軍事行政権のお墨付きが欲しかった倭国としては、何度要請してもこれが叶わなかったことに失望したのかもしれない。以後、中国王朝の権威に頼ることなく、自力で朝鮮半島南部への進出を正当化しようという意識が芽生えてきたのであろう。

事実、倭王武は、高句麗《こうくり》の王が宋から正式に授けられた「開府儀同三司《かいふぎどうさんし》」という称号を「自称」することを、宋の皇帝にあてた国書に記している。こちらが望む称号を与えてくれないのなら、許しがなくとも自ら名乗ってしまうというのである。宋からみれば一見不遜にもみえるこの行為は、倭国から見ればもう宋からの授爵に頼らず、自立外交を展開していこうという態度のようにもみえる。

これを証するかのように、四七八年の遣使を最後に倭の五王の中国への朝貢は途絶えた。

次に倭が中国と外交をもつようになるのはその約百年後、遣隋使の派遣まで待たねばならない。以後も朝鮮半島の南部に地歩を築いていこうという野心を失ったわけでは決してないが、中国王朝の権威に頼ろうとする意思は捨てることになる。こうした自信に満ちた外交姿勢も、私には如何にも雄略らしく思える。

ポスト雄略

五世紀の後半ころに大王位にあった雄略は、継体からみれば二世代くらい上の人物になるだろう。雄略の治世は、継体の少年期から青年期にあたる。畿内から少し離れた北方の地から、若いころの彼はどのような目で雄略の政治をみていたのだろうか。文献からは雄略の死後、王権は急速に弱体化していくようにみえる。『記・紀』は、彼の死後あとを継いだのは、その男子白髪皇子《しらか》（清寧天皇《せいねい》）だったと伝える。しかし彼は『日本書紀』によると即位五年目に亡くなる。「皇后無く、また御子無し」（『古事記』）だったという。その後に即位したのはかつて父である市辺忍歯王を雄略に殺され、身の危険を感じて播磨に落ち延びそこで土着していたという顕宗天皇《けんぞう》と仁賢天皇である。

この兄弟にとって雄略は父の仇に他ならない。顕宗天皇は、雄略陵を破壊しようとする

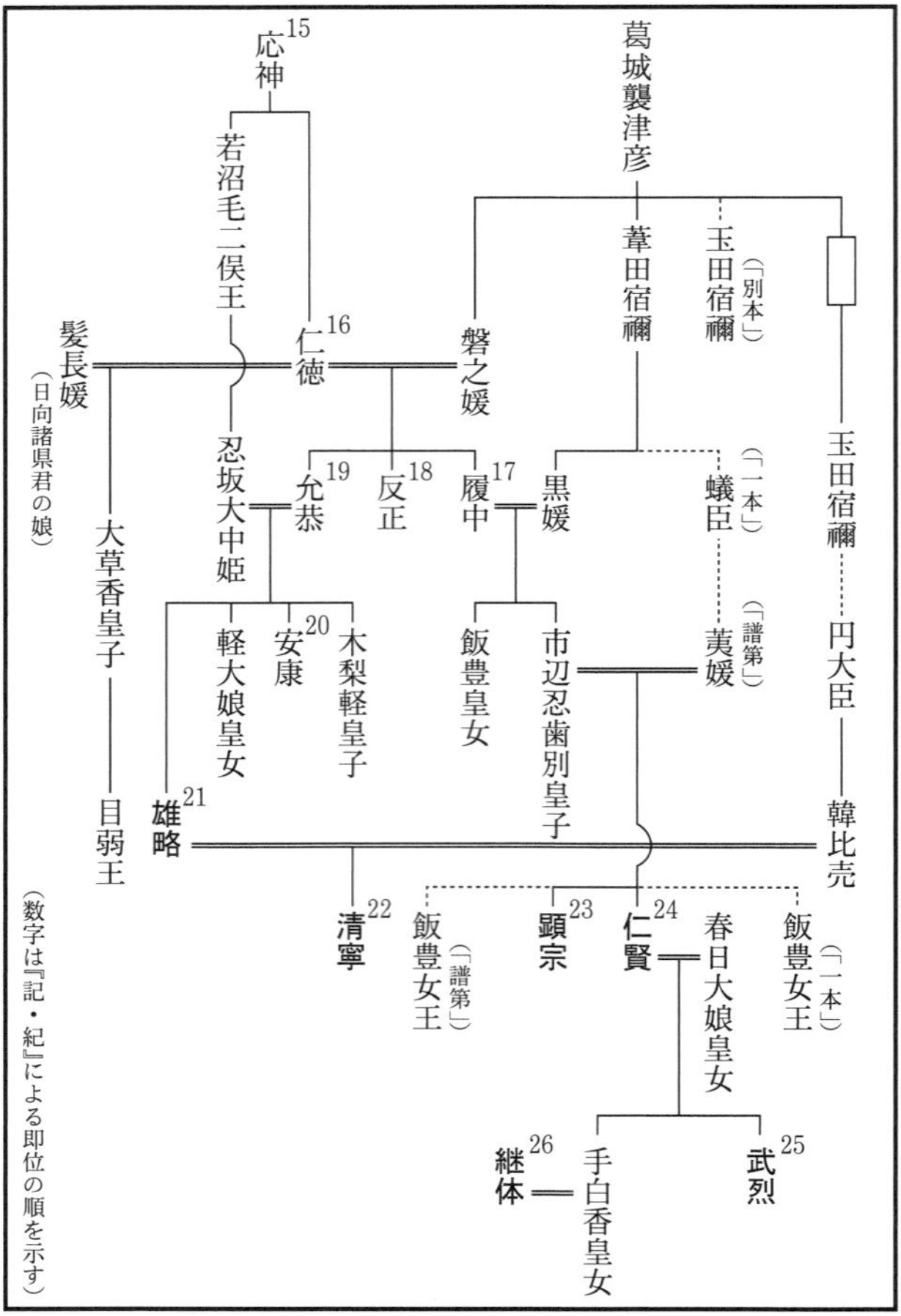

5 世紀の大王家（塚口義信『ヤマト王権の謎をとく』を元に作成）

が兄の意祁《おけ》王（のちの仁賢天皇）はいくら父の仇でも天下を治めた天皇の御陵を破壊すれば後の世の誹りを受けることになるでしょう、と言って弟（顕宗天皇）を諫めたという。こうした伝承からすると、この時期は雄略の専制政治に対する反発から、一時時計が逆回りした反動的な傾向の時代だったようにみえる。確かにこの兄弟の母は、かつて雄略が対決した葛城氏の出身の荑媛《はえひめ》である。また『記・紀』は清寧から顕宗・仁賢へ至る過程で、飯豊《いいとよ》皇女という事実上独身の巫女王が一時期王位を中継ぎした時期のあったことを記している。彼女の母もまた葛城氏で、その宮は「葛城忍海《おしぬみ》高木《たかき》角刺宮《つのさしのみや》」、御陵は「葛城埴口《はにくちの》丘《おか》陵」という。雄略の死後、飯豊皇女、顕宗・仁賢と葛城系の大王が復活していたようなのである。

　これら継体出現前夜の大王たちの御陵について触れておこう。雄略のあとに即位した清寧天皇の御陵は現清寧天皇陵の白髪《しらが》山《やま》古墳（全長一一五メートル）が六世紀初頭の造営とみられており、宮内庁の治定通りで正しいのだろう。飯豊皇女陵は、現在の奈良県葛城市北花内大塚《きたはなうちおおつか》古墳（全長九〇メートル）とみられる。この古墳も陵墓であるため本格的な発掘調査が許されていないが、五世紀末から六世紀初頭の造営と推定されており、時期的にも彼女の墓にふさわしい。

顕宗陵は『古事記』が「片岡之石杯岡上に在り」《いわつきのおかのうえ》、『日本書紀』が「傍丘磐杯丘陵」《かたおかいわつきのおか》と記す。仁賢陵は『古事記』に記述なく、『日本書紀』に「埴生坂本陵」《はにふ》とある。不可解なのは仁賢のあとに即位したとある武烈天皇の御陵も「片岡之石杯岡に在り」とあって、顕宗陵とほぼ同じ名前であることである。但し『延喜式』諸陵寮条の陵墓記事には、顕宗陵は「傍丘磐杯丘南陵」、武烈陵は「傍丘磐杯丘北陵」とあるので、両古墳は別個に存在するようにみえる。

この二つの御陵は「大和国葛下郡《かつげ》」の「傍丘」、現在の奈良県香芝市《かしば》から上牧町《かんまき》の周辺にあたるが、考古学者の白石太一郎氏によれば、この辺りに五世紀末～六世紀初頭に造られた大王陵にふさわしい規模の前方後円墳はひとつしかないという。香芝市の狐井城山古墳《きついしろやま》（全長一四〇メートル）である。白石氏はこれが顕宗天皇陵であるとし、塚口義信氏は武烈天皇の墓であろうと考えている。

先に見た岡ミサンザイ古墳が真の雄略陵であるとして、これが全長二三八メートル、当時としては傑出した威容であったのに対して、その後の天皇陵は明らかに小型化していく。先に記したように、清寧陵が一一五メートル、飯豊皇女の墓とみられる北花内大塚古墳が全長九〇メートル、顕宗か武烈の墓とみられる狐井城山古墳が一四〇メートル、仁賢陵

（「埴生坂本陵」）とみられるボケ山古墳が一二二メートルと、雄略陵の半分くらいの全長になってしまう。各地の首長たちの古墳だけでなく、大王たちの墓まで小さくなっていったのだ。この辺りにも雄略没後の大王たちの衰勢がうかがえるように私は思う。これと比べると、今城塚古墳の全長一九〇メートルという規模は、王権の復活が象徴されているようだ。そしてこの古墳が、先にも述べたようにそれまで大王陵が営まれた大和川流域を離れ、北摂《ほくせつ》の淀川流域に築かれたことも、継体朝の新しさを表わしているようにみえる。

『日本書紀』の所伝

雄略が樹立した専制王権は、彼の死後永くは続かなかった。清寧・飯豊・顕宗・仁賢・武烈と小刻みに大王が交代していくなかで王権は衰退し、六世紀初頭に武烈天皇の死を以って、それまでの仁徳天皇に始まる王統（仁徳系王統）は終焉を迎える。

『日本書紀』継体天皇即位前紀に、継体天皇の出自とその生まれた経緯が記されている。

（A）男大迹《おおど》天皇［更の名は彦太尊《ひこふとのみこと》。］誉田《ほむた》天皇の五世孫、彦主人《ひこうし》王の子なり。母を振媛《ふるひめ》と曰ふ。振媛は、活目《いくめ》天皇の七世の孫なり。

（男大迹天皇〔更の名は彦太尊。〕は、誉田天皇（応神天皇）の五世孫、彦主人王の子である。母は振媛と云う。振媛は、活目天皇（垂仁《すいにん》天皇）の七世の孫である）

『古事記』が継体天皇の出自について「応神五世孫」としか記さないのと比べると、『日本書紀』は、父と母の名や、父方が応神天皇の五世孫、母方は垂仁天皇の後裔であることを記している。しかし、応神のあと継体天皇の父彦主人王に至る三代の祖先の名は記されていない。母方も垂仁のあと継体天皇の母に至るまでの歴代の名は記されていない。

その不十分を埋めてくれるのが『釈日本紀《しゃくにほんぎ》』に引用される「上宮記一云《じょうぐうきいちにいう》」の所伝である。

「上宮記一云」の所伝

『釈日本紀』は、鎌倉時代末に卜部《うらべ》兼方《かねかた》によって書かれた『日本書紀』の注釈書であるが、このなかに現在散逸して残っていない古い書物の断片がいくつも引用されている。『上宮記』の逸文もそのひとつで、そこには『記・紀』には記されていない継体の詳しい出自系譜が引用されている。

上宮記に曰く。一に云ふ。凡牟都和希《ほむつわけ》王、涇俣那加都比古《くいまたなかつひこ》の女子、名弟比売麻和加《おとひめまわか》を娶りて生める児、若野毛二俣《わかぬけふたまた》王、母々恩己麻和加中比売《ももしきまわかなかつひめ》を娶りて生める児、大郎子《おおいらつこ》、一名意富富等《おほほど》王、妹践坂大中比弥《ほむさかおおなかつひめ》王、弟田宮中比弥《たみやなかつひめ》、弟布遅波良己等布斯郎女《ふじわらことふしいらつめ》の四人なり。此意富富等王、中斯知《なかしち》命を娶りて生める児、乎非《おひ》王、牟義都国造《むぎつこくぞう》、名伊自牟良《いじむらの》君《きみ》の女子、名久留比売《くるひめ》命を娶りて生める児、汙斯《うし》王。伊久牟尼利比古《いくむにりひこ》大王の児、伊波《いわ》都久和希《つくわき》の児、伊波智和希《いわちわき》の児、伊波己里和気《いわこりわき》の児、麻和加介《まわかけ》の児、阿加波智君《あかはちのきみ》の児、乎波智君《おはちのきみ》、余奴臣《よぬのおみ》の祖、名阿那爾比弥《あなにひめ》を娶りて生める児、都奴牟斯《つぬむし》君、妹、布利比弥《ふりひめ》命。

『上宮記』はおそらく聖徳太子に何らかの関係のある書物なのだろうが、現在まとまった形では残されていない。ただ、使われている字や文体から、『記・紀』よりも先に成立した書物であったとみられる。そこに「一云」として右の継体天皇の出自系譜や出生伝承が引用されているのである。

図にすると次ページのようになる。

これによって初めて、応神―若野毛二俣王―意富富等王―乎非王―彦主人王（汙斯王）

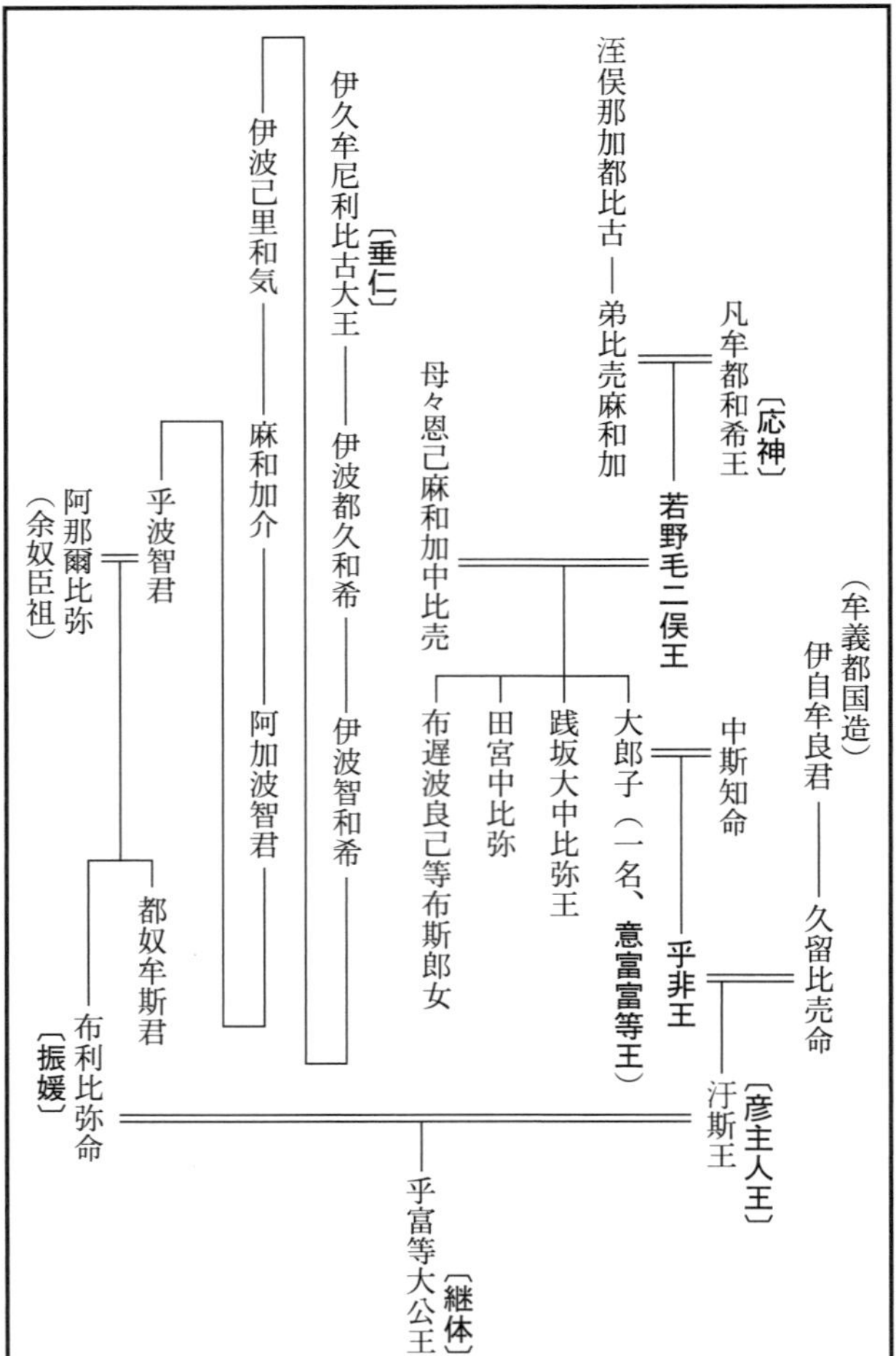
凡牟都和希王〔応神〕
汙俣那加都比古
弟比売麻和加
若野毛二俣王
母々恩己麻和加中比売
（牟義都国造）伊自牟良君
久留比売命
大郎子（一名、意富富等王）
中斯知命
乎非王
汙斯王〔彦主人王〕
践坂大中比弥王
田宮中比弥
布遅波良己等布斯郎女
伊久牟尼利比古大王〔垂仁〕
伊波都久和希
伊波智和希
伊波己里和気
麻和加介
阿加波智君
乎波智君
阿那爾比弥（余奴臣祖）
都奴牟斯君
布利比弥命〔振媛〕
乎富等大公王〔継体〕

「上宮記一云」の系譜

—継体天皇という五代の系譜が出来上がる。また母方の伊久牟尼利比古大王（垂仁天皇）—伊波都久和希—伊波智和希—伊波己里和気—麻和加介—阿加波智君—乎波智君—布利比弥（振媛）という七代の系譜が出来上がる。「上宮記一云」は『記・紀』の記さない継体天皇の詳しい出自を伝える貴重な史料であり、さらに詳細な研究が必要になるだろう。

なぜ仁徳系王統は滅んだか

雄略のあと、なぜ仁徳系の王統は存続できなかったのだろうか。『記・紀』は当時、王位継承資格者が不足していた様子を詳しく説く。たしかにこのころの大王には子どもが無かったり、いても女子ばかりといった例が多い。その結果次第に皇位継承資格者が減り、ついに子どものいない武烈天皇が崩御した時点で、仁徳以降の天皇の子孫は男系では皆無になってしまったように記されている。しかしそれだけが王統交代の原因ではないだろう。雄略が王位を得るために障害となる王族を次々と消していったことも、大きな原因である。

当時の王位を狙う皇子たちの多くは、母方の豪族の支援を受けて、ライバルたちと争った。雄略にとって異母兄弟や従弟たちは、警戒すべき相手であり、同じ一族という意識は乏しかったのだろう。むしろ母方の親族こそ、わがミウチという意識だったとみられる。

このころの大王家はまだ一個の親族集団として確立しきっていなかったわけである。

当時の大王家が自立した親族集団に成長しえていなかった現われとして、もうひとつ指摘できるのが、傍系王族たちのありようである。五世紀代の王族のなかでも三世王や四世王になると、大王との血縁も薄くなり、その政治的立場が弱まっていったことは想像に難くない。祖父が大王であったという二世王（孫王）ならまだしも、曾祖父が大王だったという三世王、さらにその子の世代の四世王になると、おそらく随分な数に上ったであろうし、もはやそれほど貴重な存在ではなかったであろう。大王になれる可能性も少なくなっていったに違いない。

後世であれば、臣籍降下という制度があり、こうした王族は源姓や平姓を賜り、一般の貴族として生まれ変わることになる。このような制度が始まるのはおそらく七世紀の前半、舒明《じょめい》から皇極《こうぎょく》朝ころとみられる。それは丹比公、猪名《いな》公、当麻《たいま》公など、確実に天皇の後裔と認められる氏族が、この時期までに皇族としての立場から公姓の豪族としての立場に転じている事実が確認できるからである。しかしそれ以前においては、どれほど遠い傍系で、王位に就く可能性はほとんどなくとも、なおも「～王」と名乗っていた。王族と非王族の境が分明でなかったのである。

地方に土着する傍系王族

ただこうした傍系王族は、『日本書紀』などから見た限り、中央から離れ、地方に土着していく傾向が強い。たとえば、播磨に土着した顕宗・仁賢兄弟は履中《りちゆう》天皇の孫、二世王であった。『日本書紀』に継体の前に王位継承候補者として浮上したという倭彦《やまとひこ》王は、丹波国桑田郡にいたと伝えられる。継体天皇の父彦主人王は近江国高島郡にいたし、その親族とみられる息長真手《おきながまて》王と坂田大俣《おおまた》王は近江国坂田郡にいた。いずれもかけ離れて遠い所ではないものの、のちの畿外の周縁部、丹波や播磨や近江北部に住んでいたと伝承されている。彼らは二世三世となって実質的な王位継承資格を失うと、地方に居を遷してそこに生活の基盤を求めたのであろう。その結果かえって富裕な経済基盤を築き、ある種の土豪としての勢力を培うこともあったに違いない。

中央の王族たちが王位継承争いの渦中に身を投じて次第に数を減らし衰退していくのと比較すると、政権中枢からは疎外されながらも、地方に土着しそこで実力を蓄えていった継体天皇のような傍系王族の姿は対照的とさえいえる。このことはなぜ五世紀の王統が衰退し、これに代わって近江や越前を地盤とする継体が台頭し、これにとって代わることになったのか、という問いに対するひとつの回答にもなるだろう。前著に詳述したところだが、今もこうした考えに変化はない。ただ、地方に土着した傍系王族継体がどのようなプロセスで台頭し、大王位を得たのか、まだまだ謎は多い。同じような立場の王族は他の各地にもいた可能性はあろう。なぜ彼らではなく、継体が大王になれたのか。どこに彼の利点があったのだろうか。

継体の支持基盤

今から四十年前、継体天皇＝息長氏説を唱えられた岡田精司氏は、「継体天皇の出自とその背景〜近江大王家の成立をめぐって〜」という論文のなかで、

継体天皇は地方豪族出身の簒奪者である。その出自は『古事記』の所伝どおり近江にあり、近江を中心とする畿外東北方の豪族を勢力基盤として権力を握った。近江の豪族たちは、その恵まれた地理的条件によって早くから水陸の国内商業活動に従事し、さらには日本海航路による朝鮮貿易も行なったらしい。その豊かな経済力および交易による広域の地方豪族との連携が、継体の簒奪を可能にした。継体自身も商業活動の

中心にあった。

と述べた。継体は近江の豪族息長氏の出身であるという衝撃的な説もさることながら、その簒奪の背景に、近江の豪族たちが従事した「水陸の国内商業活動」や「日本海航路による朝鮮貿易」があったという視点も斬新であった。ただ残念ながら、当時はこれを具体的に証するものはなかった。

あれから四十年を経過した今、考古学の成果も積み重なって、継体の支えとなった勢力やその経済的活動がずいぶん明らかになってきたように思う。それは継体天皇の出身地である琵琶湖周辺から東海・北陸にかけてだけでなく、日本海から海を越えて大陸につながるものでもあったろう。当時の「商業活動」や「交易」はどういったものだったのか。現代のように貨幣や金融価値が自在に海を越えるのではなく、さまざまな富はやはり人がもたらした時代である。

五世紀や六世紀の人の交流がどのようにして行われ、これに伴ってさまざまな物資がどのようにして運ばれ、継体の王位獲得に役立てられていったのか。現在ではある程度の推測が可能になってきた。朝鮮半島から日本列島へ渡来、移住した人々の実態、また日本列

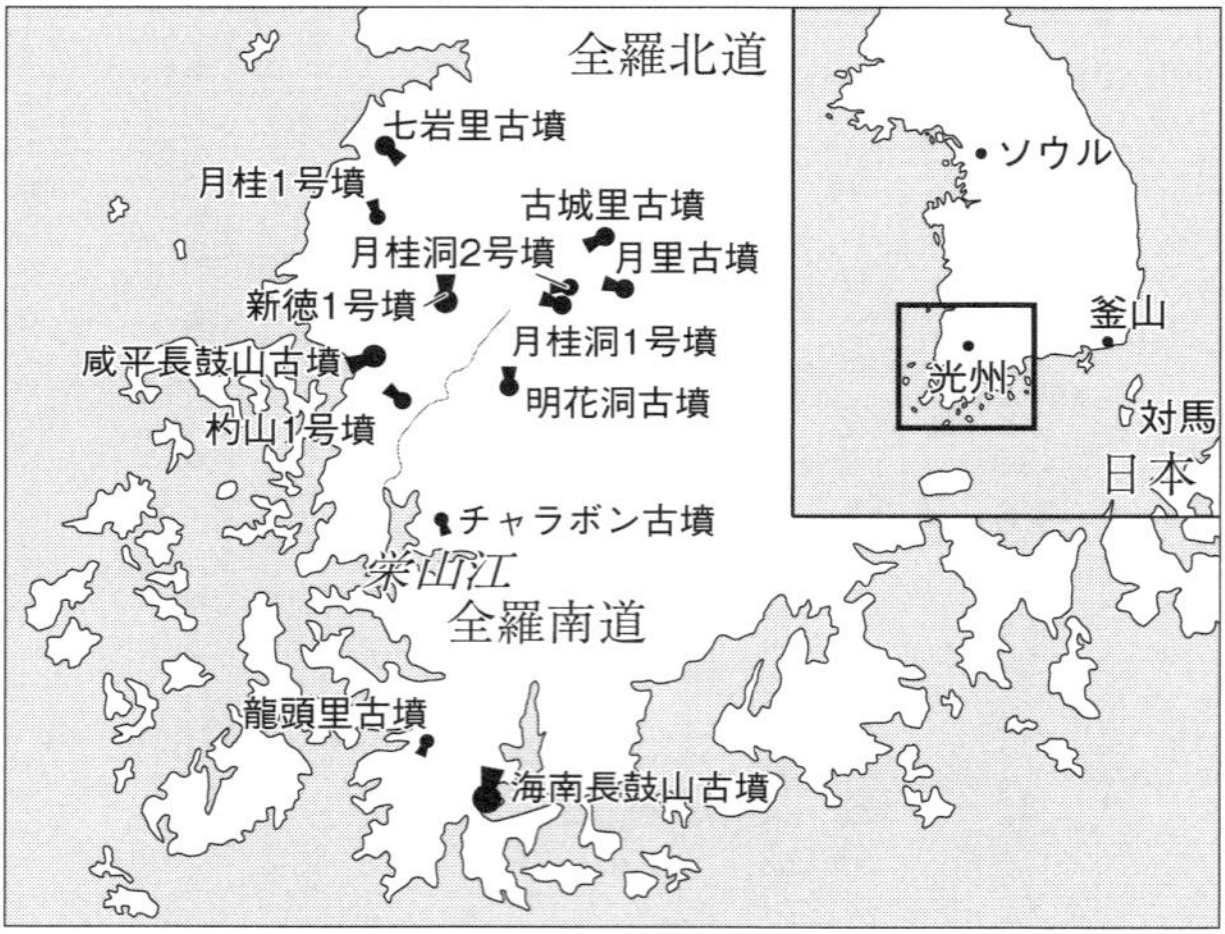

韓国の前方後円墳分布図

島から朝鮮半島へ渡った倭人たちの実態である。

韓国・栄山江流域の前方後円墳

いま韓国と日本の考古学界で最も熱く論じられているのが、一九八〇年代半ばから朝鮮半島西南部の栄山江《えいざんこう》流域においていくつも発見された、前方後円形の古墳についてである。現在では十三基が発見されており、これらが日本列島の前方後円墳をモデルに造られたことは日韓の学界ともに認めるところとなっている。造られた時期はおおよそ五世紀末から六世紀の前半、横穴式石室の形態などから北部九州、なかでも有明海沿岸地域の前方後円墳との類似性が指摘されている。現地の豪族の墓だという説もあるが、気になるのは朴天秀《パクチヨンス》氏（韓国・慶北大学）や福永伸哉氏（大阪大学）らが唱える、倭から半島に移住した豪族たちの墓だという説だ。

四～五世紀に多くの倭国の首長が渡海し、大陸・朝鮮半島で活動したことは『日本書紀』の記述などに詳しい。当時の朝鮮半島は、北部に高句麗、南部の西側に百済、東側に新羅、九州に面した半島の先端部には伽耶《かや》とよばれる小国の連合があった。この中では高句麗が領土も広く強大で、次第に南へ領土を拡張しようとする傾向があった。この動きに圧迫された隣国の百済と新羅もまた南下しようとし、必然的に伽耶と衝突することになる。倭国は四世紀末ころから、伽耶・百済と友好関係を維持してきた。『日本書紀』が「任那日本府」と呼んで描写するような整備された機関ではないにせよ、半島南部に定着する倭人たちによって構成される出先機関の如き何らかの拠点を伽耶に設けていたらしい。そこでは海を渡り半島で活動してきた倭人とその二世三世らが、東アジア諸国の複雑な外交交渉・軍事活動に関わっていた。

こうした人々の存在は、『隋書《ずいしよ》』百済伝に

その人、新羅《しらぎ》・高麗《こま》・倭等雑《まじ》りて有り。亦中国人有り。

とあることからも裏付けられる。新羅人・高句麗人・中国人らとともに、倭人も百済には多く居住していたことを記している。

大陸と一海を隔てる倭は、領土を接して熾烈な外交や軍事衝突を繰り返してきた百済や新羅、伽耶諸国にとっては、援軍を提供してくれる格好の同盟国と期待されていた。倭国は求められて援軍を差し向ける見返りに、これらの国から人質としてその国の王子を預かったり、貴重な財を受け取ったりもしている。

半島で活動する倭人たち

実際は『日本書紀』が記すほど、倭国がこの地域に政治的影響力を持っていたわけではないだろうが、それでも半島に長期にわたって駐留・定着した倭人がおり、彼らの構成する何らかの組織が存在したらしい。彼らは最初は倭国の大王の命を受けた使者として、あるいは遠征軍の将として渡海したのが、その後も彼の地に定着し、のちには現地の女性を娶って子供をもうけたり、百済の官位を受けたりもした。

『日本書紀』欽明二年七月条にみえる

紀臣奈率弥麻沙《きのおみなそちみまさ》（「奈率」は百済十六等官品の第六品）

同四年九月条にみえる

物部施徳麻哿牟《もののべのせとくまかむ》（「施徳」は百済十六等官品の第八品）

同五年三月条の

許勢奈率歌麻《こせかま》

等々、朝鮮諸国の官位を名乗る倭人の記事は多数挙げられる。こうした人々を現代の史学者は「日（倭）系百済官僚」などと呼んだりするが、彼らが倭と百済のどちらに帰属意識があったかなどは、どちらとも言えないだろう。

紀臣奈率弥麻沙については『日本書紀』本文に注があり、

紀臣奈率弥麻沙は蓋《けだ》しこれ紀臣の韓婦を娶りて生める所か。因《より》て百済に留まりて奈率に為《な》れる者也。未だ其の父詳《つばひ》らかならず。

（紀臣奈率弥麻沙は、おそらく紀臣が韓の婦人を娶って生んだ子どもであろう。そうして百済に留まって「奈率」になった者である。父は詳らかでない）

とある。要するに父方は倭人、母方は韓人なのである。

栄山江流域の前方後円墳が倭人の墓であるならば、おそらくこうしたこの地に定着した人たちのものであろう。福永伸哉氏は、これらを継体が当時の百済王である武寧《ぶねい》王を軍事支援するためにこの地に派遣した、九州の豪族たちの墓だと考えている。継体と武寧王とは密接な同盟関係にあったとみているのである。海を越えて存在した二つの国の王たちに、本当にそうした信頼関係があったのか。今や継体天皇を東アジアの国際情勢の中で捉える視点は欠かすことができない。

九州有明海勢力は敵か味方か？

栄山江流域の前方後円墳が本当に九州有明海沿岸地域の豪族たちの墓だとすれば、この地域の豪族たちが起こした磐井《いわい》の乱のことを思い出さずにはいられない。磐井の乱の顚末は、『日本書紀』継体二十一年条に詳細に記されているが、国家形成過程における最大の戦争だったと評価する声がある。『古事記』にもこの乱のことは記されている。

此の御世《みよ》、竺紫君石井《つくしのきみいわい》、天皇の命に従はずして、多く礼無し。故に物部荒甲《あらかひ》之大連、大伴之金村《かなむら》連の二人を遣して、石井を殺せり。

（継体天皇の時代に、竺紫君石井は天皇の命令に従わず、無礼なことが多かった。そこで物部荒甲之大連と大伴之金村連の二人を派遣し、石井を殺した）

のちに示す「筑後《ちくご》国風土記」逸文にも、磐井の乱に関する詳しい記述がある。そこに記される彼の墓とされる福岡県八女市の岩戸山古墳は全長一三八メートル、九州中北部では最大の前方後円墳である。六世紀前半という時期に限ると、今城塚古墳と名古屋の断夫山《だんぷさん》古墳に次ぐ列島第三位の大きさを誇る。当時の九州勢力の実力の程が見てとれるが、その勢力が大和政権と対決した。

このとき果たして一体何が争われたのか。考えてみれば海を渡って朝鮮半島へ赴き、そこで命を終えて異国の地で前方後円墳に埋葬された豪族たちも、磐井の乱に加担し継体朝に反旗を翻した豪族たちも、継体の御陵のために阿蘇からはるばる海路大阪湾まで石材を運んだ人々も、みな九州有明海沿岸の人々だった。彼らは継体の敵だったのか味方だったのか。一見解きほぐしにくい錯綜した事実を、どのように理解したらいいのだろう。

前著で私も磐井の乱について私見を披露したが、その後のめざましい考古学の成果を貪欲に吸収し、改めて考え直してみる必要がありそうだ。九州勢力との関係は、継体天皇に関わる新しい謎である。

転換期としての雄略〜継体・欽明朝

五世紀末から六世紀前半ころまでの動乱期の大和政権——雄略朝から継体朝を経て欽明朝ころまで——が最後に帰着した体制は、大王（のちの天皇）と中央豪族をメンバーとする中央豪族合議制であった。雄略以前の大王と各地（畿内だけでなく吉備・筑紫・丹後など）の有力首長の連合政権から、雄略による専制王権を経て、継体・欽明朝になって大王と中央豪族による合議制が確立したのである。この間、吉備氏や葛城氏など有力豪族は雄略によって退けられ、筑紫君磐井は継体朝に制圧され、安閑《あんかん》・宣化《せんか》の母方である尾張氏も継体天皇の崩御のあとに駆逐されたらしい。大王と対等に近い勢威を誇った雄族や、地方の有力豪族は政権中枢から排除され、一方で大伴氏や物部氏、それに蘇我氏らが台頭したのだった。こうした大まかな把握には間違いはなかったと考えているが、ここまで述べてきたようにまだまだ未解明の問題も多い。

継体天皇が近江や越前に土着した遠い傍系王族の子孫であったとしても、他にも同じような境遇の王族はいたはずである。そのなかでどうして他ならぬ近江を地盤とする彼が、大王の地位につけたのか。また近江出身の彼が大王位についたにもかかわらず、政権の中枢が近江や越前に移ったわけでも、この地域の豪族が政権の中枢に居続けたわけでもない。大伴氏や物部氏や蘇我氏といった中央豪族が、こうした地方豪族を排除して私の言うところの中央豪族合議制を始めるようになったその経緯や背景も明らかではない。この十年の内に新たな謎が生まれた。

私は新たな考察の始まりを継体天皇のふるさと、近江国高島郡から出発させたいと思う。

第二章　近江国高島郡と継体天皇

『日本書紀』の語る継体の出生

『日本書紀』は前章で挙げた継体の出自記事（A）の後に、彼の出生について記す。

（B）天皇の父、振媛が顔容姝妙《がんようしゅみょう》にして甚だ美色《びしょく》有りと聞きて、近江国高島郡三尾《みお》之別業《なりどころ》より使いを遣し三国《みくに》坂中井《さかない》、「中、此を那《な》と云ふ。」に聘《むか》へ、納《い》れて妃とし、遂に天皇を産む。天皇幼年にして、父王薨《こう》ず。振媛、廼《すなわ》ち歎きて曰く、「妾《やつこ》、今遠く桑梓《もとつくに》を離れたり。安《いずく》にぞ能《よ》く膝養《おやとぶら》ふこと得む。余《われ》、高向《たかむこ》に帰寧《かえりとぶら》ひて、「高向は越前国の邑名《さとのな》なり。」天皇を奉養《ひだしたてまつ》らむ。」といふ。

（天皇の父〈彦主人王〉は、振媛の容貌がたいへん美しいと聞いて、近江国高島郡三尾〈現・滋賀県高島市安曇川《あどがわ》町三尾里〉の別業〈別宅〉より使いを遣して三国坂中井〈越前国坂井郡、現・福井県坂井市〉まで迎え、納れて妃とし、遂に継体天皇が生まれた。天皇が幼年の折に父の王が亡くなった。振媛は歎いて「私は、今遠く桑梓〈故郷〉を離れている。ここにいたのでは、どうして親に孝行ができようか。高向〈坂井市丸岡町の地名〉に

帰郷して、そこで天皇をお育てしよう。」とおっしゃった）

近江国高島郡三尾の別業（別宅）に居た彦主人王《ひこうし》が、美人の噂高い振媛を越前三国まで使いを遣し、召しいれて妃とした。かくしてのちの継体天皇が生まれたが、彼が幼年のうちに父は亡くなってしまう。婚家にひとり残された振媛はここでは心細いと言って、生家のある越前三国の高向に帰ってそこで幼い王子を育てようと決意するのであった。

「上宮記一云」の出生譚

この内容は、『釈日本紀』に引用される「上宮記一云」の後半部と極似している。先に継体の出自系譜を記したこの史料の前半部を引用したが、次に彼の出生が語られる後半を引用しよう。

汙斯王《うし》、弥乎《みお》国高嶋宮に坐《い》ましし時、この布利比売《ふりひめ》命甚だ美女なるを聞きて、人を遣《つか》はし、三国坂井県より召し上げ、娶りて生まれる所、伊波礼《いわれ》の宮に天下を治《しらし》めしし乎《を》富等大公王《ほどのおおきみ》なり。父汙斯王崩去《かんさ》りて後、王の母布利比売命言ひて曰く「我独り、王子を持ち抱きて、親族部《うからべ》无《な》き国に在り。唯、我独り養育《ひた》し奉ること難し。ここに将《ひき》ひて下り去りて、祖三国命《おやみくにのみこと》の在す多加牟久《たかむく》村に坐す也。
（汗斯王が弥乎国高島宮〈近江国高島郡〉におられた時、この布利比売命が大変美女であると聞いて使者を遣し、三国坂井県〈越前国坂井郡〉より呼び寄せ、娶って生まれたのが、伊波礼の宮に天下をお治めになった乎富等大公王〈継体天皇〉である。父の汗斯王が亡くなって後、王の母布利比売命は「私独り王子を抱いて、親族のいない国にいる。私独りでは王子を養育するのは難しい。」と言った。そこで王子と共に下り去り、祖先三国命のおられる多加牟久村〈越前国坂井郡高向〉に住まわれた）

一読して分かるように内容は『日本書紀』とほぼ同じだ。但し文章は「上宮記一云」のほうが素朴で、使われている字や文体も『日本書紀』以前のものばかりである。かつて黛弘道氏が藤原宮跡木簡（持統朝〜文武朝頃）に用いられている字と比較検討し、「上宮記一云」のほうが藤原宮跡木簡より古い史料であることを論証された。少なくともこの史料は、推古朝ころからおそくとも天武朝ころまでに筆録されたものであると推定できる。

このことからして、おそらく『日本書紀』の記事は「上宮記一云」の記事を見て書かれたものであって、オリジナルは「上宮記一云」にあると考えられるのである。但し「上宮記一云」に記載があるのは（B）の継体の母が越前三国へ帰るまでで、そこからは所伝は途切れてしまう。以下は、『日本書紀』の記事に戻ろう。

（C）天皇、壮大《おとこざかり》にして士を愛《めぐ》み、賢を礼《うやま》ひたまひ、意《みこころ》豁如《かつじょ》にまします。天皇年五十七歳にして、八年冬十二月己亥、小《お》泊瀬《はつせの》天皇崩ります。元より男女無く、継嗣《けいし》絶《た》ゆべし。

（天皇は成人されて、勇者を愛し賢者を敬い、御心は寛容であられた。天皇が五十七歳の時、武烈天皇八年冬十二月己亥〈八日〉に、武烈天皇が崩御された。もともと男子も女子もなく、継嗣は絶えるところであった）

母子が越前へ帰るところまでは丁寧に語られていたのが、次の文ではいきなり「壮大」になり、さらには五十七歳になってしまう。一気に五十年余りの時間が飛んでしまうのだ。しかも、この間を総括する「天皇、壮大にして士を愛み、賢を礼ひたまひ、意豁如にまします」という一文は、実は『漢書』の漢の高祖劉邦について記した「高祖、寛仁にして人を愛し、意豁如にましします」の表現を借りたものに過ぎない。思うに、『日本書紀』編者の手元には『上宮記』しかなかったため、越前三国へ帰ってからの伝承は書きようがなかったのであろう。このあたり、史料不足に悩む『日本書紀』編者の苦闘が垣間見えるように思う。

もう一人の大王候補・倭彦王

継体が五十七歳の時である。即位八年目にして、武烈天皇が亡くなった。武烈には子どもが無かったため、後継者問題が持ち上がり、群臣会議が開かれた。

(D)壬子に大伴金村大連《おおとものかなむら》、議《はか》りて曰く「方今《いまし》、絶えて継嗣無し。天下何れの所に心を繋《つな》けむ。古より今に迄るまで、禍これによりて起これり。今、足仲彦天皇《たらしなかつひこ》の五世孫倭彦王、丹波国桑田郡に在り。請ふらくは、試みに兵仗《へいじよう》を設け、乗輿《じようよ》を夾衛《きようえい》して、就きて奉迎《むかえたてまつ》り、立てて人主《きみ》とせむ。」大臣・大連等、一《もはら》に皆随ひて奉迎ること、計の如し。ここに倭彦王、遥かに迎へたてまつる兵を望みて懼然として色を失ひ、仍《よ》りて山壑《たに》に遁《に》げ、詣《いま》せる所を知らず。

〈壬子〈二十一日〉に、大伴金村大連が合議の場で発言した。「今まさに、皇位の継嗣が絶えてしまった。天下の人民はどこに心をつなげればいいのか。古より今に迄るまで、皇位の継嗣が絶えたことにより、禍は起ってきた。今、足仲彦天皇〈仲哀天皇〉の五世孫の倭彦王が丹波国桑田郡〈現・京都府亀岡市〉におられる。試みに軍備を整え、乗り物を護衛して、この方をお迎えして君主にしてはどうか。」大臣・大連等もみな、この提案に賛成し、その通りに実行することになった。倭彦王は、自分を迎えに来た兵を遥か遠くに望み懼れて顔色を失い、山谷に逃亡して、行方知れずになってしまった〉

『日本書紀』は、継体より前に大王の候補者となった人物がいたという。足仲彦（仲哀）天皇の五世孫、倭彦王という人物だ。継体も同じ五世孫だからその点では遜色がないが、継体の祖先の応神天皇の父親が仲哀天皇だから、血統の上では継体天皇のほうが大王にはふさわしいことになろう。

しかも、倭彦王は自分を迎えに来た兵を見て怖れを成して逃げてしまうような臆病な人物に描かれている。つまり彼は血統の上からも人間的にも継体天皇より劣る人物として、継体天皇の引き立て役として表現されているようにみえる。

これについて皇學館大学の荊木美行《いばらきよしゆき》氏は、天皇家の始祖から数えれば、むしろ仲哀五世孫の倭彦王のほうが応神五世孫の継体より始祖である神武天皇の血を濃く受け継いでいる、という判断が当時の群臣の間にあったのではないかと推測している。ただこの問題は、どの天皇を始祖とするかで変わってくるだろう。荊木氏は神武天皇を初代と数えているが、継体が即位した六世紀初めころ、既に神武が初代天皇として位置づけられていたであろうか。またそもそもこのころ仲哀天皇が歴代の中に位置づけられていたのかどうか。この点は議論のあるところだろう。

ただだからといってこの人物が架空とまでいえるのか。私自身かつては全く架空だと考えていたのだが、「丹波国桑田郡」(現・京都府亀岡市)に居たと地名がはっきり書かれていること、そしてこの地にちょうど六世紀初頭ころの大きな前方後円墳が築かれていることからすると、あながち架空の人物とはいえないのかもしれない。

それは京都府亀岡市にある千歳車塚《ちとせくるまづか》古墳、六世紀初頭ころに造られた全長八〇メートルの前方後円墳である。この前後の時期、周辺にこれだけの規模の古墳はなく、忽然と現れることからすると、現地の豪族の墓というより、外からこの地に来た有力者の墓である可能性が高いだろう。この古墳を倭彦王の墓と考える研究者もいる。本当にこの墓の被葬者が継体の前に大王の候補者だった人物かどうかは判断しがたいが、継体にいわばライバルがいたことを推測させてくれる古墳ではある。

倭彦王の実在を主張する荊木氏は、もともと彼について語られていたのはこうした物語ではなかったとする。本当は倭彦王のほうから即位を辞退したのではないかとされるのである。それでも迎えに来た使者の列を見て逃げてしまったといった伝承にされているのは、「ヤマト政権がみずからの威厳を守るために都合よく話を改変した」のではないかと同氏は推測される。荊木氏も認めているように、人物は実在したとしても、物語が造作されたものであることは十分ありえることであろう。

即位の経緯

倭彦王擁立に失敗した大連大伴金村らは、次に越前三国に住む男大迹王、すなわち継体に白羽の矢を立てる。

（E）元年春正月の辛酉朔甲子、大伴金村大連、更に籌議《はか》りて曰く、「男大迹王《おおど》、性《ひととなり》慈仁孝順にして、天緒《てんしょう》承けたまふべし。冀《ねが》はくは、慇懃に勧進《すす》めまつりて、帝業を紹隆せしめむことを。」物部麁鹿火《あらかひ》大連・許勢男人《こせのおひと》大臣等、僉《みな》曰く「枝孫を妙《くわ》しく簡《えら》ぶに賢者は唯、男大迹王のみなり。」丙寅、臣連等を遣して、節《しるし》を持ちて法駕《ほうが》を備へて三国に迎へ奉る。兵仗を夾衛《きょうえい》し、容儀を粛整して、前駆を警蹕《けいひつ》して、奄然《えんぜん》にして至る。ここに男大迹天皇、晏然《あんぜん》自若にして胡床に踞坐《ましま》す。陪臣を斉《ととの》へ列ね、既に帝の如く坐る。節を持つ使等、これに由りて敬憚《かしこま》り、心を傾け命を委せて、忠誠を尽くさむことを冀《ねが》ふ。

（元年春正月の辛酉朔甲子〈四日〉、大伴金村大連が、更に合議の場で言った。「男大迹王は、その人となりが慈悲深く、親孝行であるので、皇位にふさわしいと思う。願わくは、丁寧に説得してこの方に皇位についていただき、帝業を興隆にしていただきたい。」物部麁鹿火大連・許勢男人大臣等もみな言った。「王族の人々を詳しく選んだが、賢者は唯、男大迹王のみである。」丙寅〈六日〉、臣連等を派遣して、旗印を持ち輿を備えて越前三国へお迎えに行った。武器を護衛して、威儀を整えて、先駆けを立てて、にわかに到着した。ここに男大迹天皇は安らかな様子で、堂々と胡床に腰かけておられた。陪臣を整然と従えて、既に帝王のように坐っておられる。旗印を持つ使者らは、これを見て敬い、心を傾け命をまかせて、この方に忠誠を尽くそうと願った）

（F）然《しか》るに天皇、意《みこころ》の裏《うち》に尚疑ひて、久しく就《つ》きたまはず。適《たまたま》知れる河内馬飼首《うまかいのおびと》荒籠《あらこ》、密かに使いを奉遣《たてまつ》り、具《つぶさ》に大臣・大連等が奉迎《むかえたてまつ》る所以《ゆえ》の本意を述べまうさしむ。留まること、二日三夜にして遂に発たし、乃ち喟然而歎《なげき》て曰く、「懿《よ》きかな、馬飼首。汝若《も》し使を遣して来たり告ぐることなからば、殆《ほとほと》に天下に蚩《わらわ》れなまし。世の云へらく、『貴と賤を論ずる勿れ。但しその心をのみ重みとすべし。』といへるは、蓋し荒籠を謂ふか。」とのたまふ。践祚《せんそ》に及至《いた》りて、厚く荒籠に寵待を加へたまふ。

（しかし天皇は、心の裏にまだ或る疑いを持っており、久しく皇位に就かれなかった。ちょうどいいことに、前から知り合いであった河内馬飼首荒籠が密使を遣し、大臣・大連らが継体を迎えようとしている本意を詳しくお伝えした。留まること、二日三夜経った後、継体は遂に決断し、しみじみとこう言った。「よきかな、馬飼首。汝がもし使者を遣してきて、告げてくれなかったら、自分は危うく天下の笑い者になったであろう。世に云う、『人の貴賤を論ずる勿れ。但しその心をのみ重んぜよ。』という言葉は、きっと荒籠のことを言うのだろう。」即位に及んで、荒籠を厚く寵遇された）

（G）甲申、天皇、樟葉宮に行至りたまふ。
（甲申〈二十四日〉、天皇は、樟葉宮に到着された）

こののち、継体天皇は自分はその任にないと言って何度も即位を辞退するが、大伴金村大連の度重なる説得を受けて即位を了承し、二月四日に樟葉宮において即位したという記事が続く。大伴金村・許勢男人・物部麁鹿火の三人の大臣・大連は留任し、新しい大王のもとでの体制が発足した。

以上が『日本書紀』の伝える継体天皇の即位までの経緯である。即位の決心がつかず逡巡していた継体天皇に河内馬飼首荒籠が密使を送って説得したとの興味深い伝承もあるが、これについては第五章で詳しく考えることとしたい。

継体の母の出身地

『古事記』の所伝では、継体天皇は「袁本杼命を近淡海国より上り坐さしめて」とあるように近江の出身と明記している。一方『日本書紀』と、そのもとになった「上宮記一云」では、父彦主人王のいた「近江国高島郡三尾之別業」、「弥乎国高嶋宮」で生まれ、父の死後、母と共にその生家のある「越前三国」「高向」に移り、そこで即位直前の五十七歳まで過ごしたように書かれている。

『古事記』の所伝は、「帝紀《ていき》」・「旧辞《きゅうじ》」という朝廷に伝わる古い天皇家の系譜・伝承に基づいて書かれたものと推定されるのに対して、『日本書紀』とそのもとになった「上宮記一云」の記述は、継体の母布利比売の母方である余奴臣（江沼臣《えぬま》）の関与した伝承に基づいたものであり、この氏の出身地である越前寄りの内容になっている可能性がある。余奴臣（江沼臣）は、現在の石川県加賀市に本拠を持つ豪族だからである。

余奴臣は「上宮記一云」中に名前の見える二つの豪族の内のひとつであり、この史料の作成にこの氏族が関わっている可能性は極めて高い。そのため、夫を亡くした彼女が故郷の越前高向へ帰り、そこで継体は養育されたというのも、疑わしいと私は考える。むしろ『古事記』の「袁本杼命を近淡海国より上り坐さしめて」という記述を重視すべきであり、近江とのつながりのほうが強かったとみられる。何より継体の母布利比売自身、母方は余奴臣（江沼臣）であっても、父方は近江国高島郡の豪族、三尾氏なのであるから。

三尾氏の祖先伝承は、『古事記』垂仁《すいにん》天皇段と、『日本書紀』垂仁三十四年条とに記されている。『古事記』では、垂仁天皇の皇子の石衝別《いわつくわけ》王が「羽咋《はくい》君・三尾君之祖」であると記され、『日本書紀』では同じ垂仁天皇の皇子の磐衝別命《いわつくわけ》が「三尾君之始祖也」であると記されている。この磐衝別命（石衝別王）が、「上宮記一云」にみえる垂仁天皇の皇子「伊波都久和希《いわつくわき》」と同一人物であることは言うまでもない。『日本書紀』には他にも景行《けいこう》天皇条に「三尾氏磐城別《いわきわけ》」という名前が見えるが、これも「上宮記一云」にみえる「伊波智《いわち》和希《わき》」と同一人物であろう。この一致からすれば、「上宮記一云」の継体の母方の系譜が三尾氏の系譜であることは明らかだ。つまり継体天皇の母布利比売は、高島郡の三尾氏の出身なのである。

近年、継体の母方は三尾氏ではなく三国氏であるという説（大橋信弥氏）や、三尾氏はこの時点では越前三国を本拠地としており、このあとに近江高島郡へ移住してくるのだ、といった説（加藤謙吉氏）が唱えられている。いずれも拠り所としているのは、布利比売の「我独り、王子を持ち抱きて、親族部无き国に在り」、近江国高島郡は自分には馴染みのない土地だ、という言葉である。しかしこの言葉は余奴臣が作成に関与したために造作された可能性が高く、これにとらわれるのは適当ではない。

布利比売は近江国高島郡三尾を本拠地とする三尾氏を父に持つ女性であり、越前は彼女の母「余奴臣の祖、名阿那爾比弥」の出身地である。もちろんここへ赴いたことは何度もあったろうが、継体天皇が幼いころから五十七歳までずっと三国を動かなかったとは考え難い。この辺りの所伝を鵜呑みにするのは危険だと私は思う。

父も息子も妻は三尾氏から

先にも述べたように、継体の母は近江国高島郡を本拠とする三尾氏の女性である。この三尾氏は、継体天皇にも二人の后妃を送っている。継体天皇の后妃に関する記事を表にしよう。

『古事記』では冒頭に「三尾君等の祖、若比売《わかひめ》」の名がみえる。『日本書紀』では三人目の「三尾角折《つのおれ》君の妹、稚子媛《わかごひめ》」に当たる。もうひとり、『古事記』でいうと「三尾君加多《かた》夫《ぶ》の妹、倭比売《やまとひめ》」、『日本書紀』でいうと「三尾君堅槭《かたひ》の女、倭媛《やまとひめ》」がいる。継体の后妃は『古事記』では七人、『日本書紀』では九人を数えるが、一氏で二人の后妃を出しているのは三尾氏だけだ。しかも「三尾君等の祖、若比売」は、七人の后妃のうち『古事記』では筆頭に挙げられており、生んだ皇子の名は「大郎子《おおいらつこ》皇子」という、のちで言うと「太郎」に相当する長男を意味する名前である。これらからすると、「若比売」は、継体にとって最初の妻であった可能性が高いだろう。特別な関係が三尾氏と継体天皇の間にあったこと

	『古事記』	『日本書紀』
(1)	三尾君等の祖、若比売	手白香皇女(皇后)
(2)	尾張連等の祖、凡連の妹、目子郎女	元の妃、尾張連草香の女、目子媛(更の名は色部)
(3)	意祁天皇(仁賢)の御子、手白髪命(大后)	三尾角折君の妹、稚子媛
(4)	息長真手王の女、麻組郎女	坂田大跨王の女、広媛
(5)	坂田大俣王の女、黒比売	息長真手王の女、麻績娘子
(6)	三尾君加多夫の妹、倭比売	茨田連小望の女(或いは妹と曰ふ)、関媛
(7)	阿倍之波延比売	三尾君堅槭の女、倭媛
(8)		和珥臣河内の女、荑媛
(9)		根王の女、広媛

継体天皇の后妃

をうかがわせる。

ただこれも、父の彦主人王がすでにこの氏の布利比売と結婚していることからすると、意外ではない。彦主人王、継体天皇の父子は、続けて三尾氏一族から妻を娶った。この婚姻関係は、彦主人王が三尾氏の本拠地である近江国高島郡三尾に「別業」「高嶋宮」を営んだことに始まるだろう。彦主人王と三尾氏とのつながりはきわめて太いものがあった。

近江国高島郡の田中王塚古墳

その彦主人王の墓とされる古墳が滋賀県高島市にある。現在陵墓参考地とされている田《た》中王塚《なかおうづか》古墳である。この古墳は全長約七二メートルで、見たところ前方部が短い帆立貝式古墳のようにみえるが、本当は円墳かもしれない。明治になって陵墓に指定されるにあたり、それにふさわしい立派な古墳にするため前方部は修築された可能性があるからだ。残念ながら発掘調査が出来ないため、造られた年代についてもこれまで決め手になる資料がなく、判断が難しかった。しかし、二〇〇八年の高島古代史フォーラムにおいて、高島市教育委員会の宮崎雅充氏から新しい報告がされた。近年この古墳の周囲から採取された埴輪片をもとに、推定された造営年代を報告されたのである。

この埴輪片は、「本来墳丘に立っていたものが自然的に転落してきた」「三～五センチ」のものであるが、埴輪の編年の分類でいうところのⅣ式、実年代では「五世紀の後半」ころと推定されている。これまで一部に五世紀前半ころの築造とする見方もあっただけに、この報告の成果は大きい。

では彦主人王はいつごろ亡くなったのであろうか。息子の継体天皇は『日本書紀』によると、五三一年あるいは五三四年に八十二歳で崩じたとある。つまり四五〇年から四五三年ころに生まれたことになる。ただ八十二歳で亡くなったというのは当時にしてはやや長生きしすぎかもしれず、もう少し若くして七十歳代で崩じたと仮定するならば、生まれた年は四六〇年前後にまで下りてくる。これらからすると、継体はおおよそ四五〇年ころから四六〇年前後までの間に生まれたとみてよいであろう。

その継体が「幼年にして、父王薨ず」（『日本書紀』）、「上宮記一云」の表現では、母が「王子を持ち抱きて」いるような乳児のころに、彦主人王は亡くなった。「高島郡三尾之別業」（『日本書紀』）、「弥平国高嶋宮」（「上宮記一云」）で亡くなったのだから、当然その墓はこの高島の地に造られたとみるべきであろう。近江国高島郡において、田中王塚古墳以外に五世紀後半ころに造営された、これだけの規模の首長墳は他に存在しない。年代からもその規模からしても、明治以来の指定であるこの田中王塚古墳の彦主人王陵墓は正しかったのではないかと思えるのだ。

なぜ前方後円墳でないのか？

この古墳は、先に記したように帆立貝式古墳かあるいは円墳であって、全長七二メートルもあるにもかかわらず、前方後円墳ではない。二〇〇八年の高島古代史フォーラムで、私はなぜ田中王塚古墳が前方後円墳でないのかについて、大阪大学の福永伸哉教授と花園大学の高橋克壽《かつひさ》教授に見解を問うてみた。

福永氏は、五世紀後半、雄略朝ころに全国的に前方後円墳が減少して帆立貝式古墳が増加する傾向を指摘し、これは雄略が地方の勢力への締め付けを強化した結果であろうとされた。各地の首長が前方後円墳を造営することに、王権が規制を強化したというのである。田中王塚古墳が前方後円墳でないのも、その被葬者が「湖北地方の有力な豪族であるけれども、雄略の王権からはかなり抑圧されていたのではないか」と考える。これが六世紀、継体朝ころになると、再び前方後円墳が増加するのだが、これについては、「雄略大王のもとで抑圧されてきた地方豪族の不満を結集する形で継体大王が政治的主導権を握った」

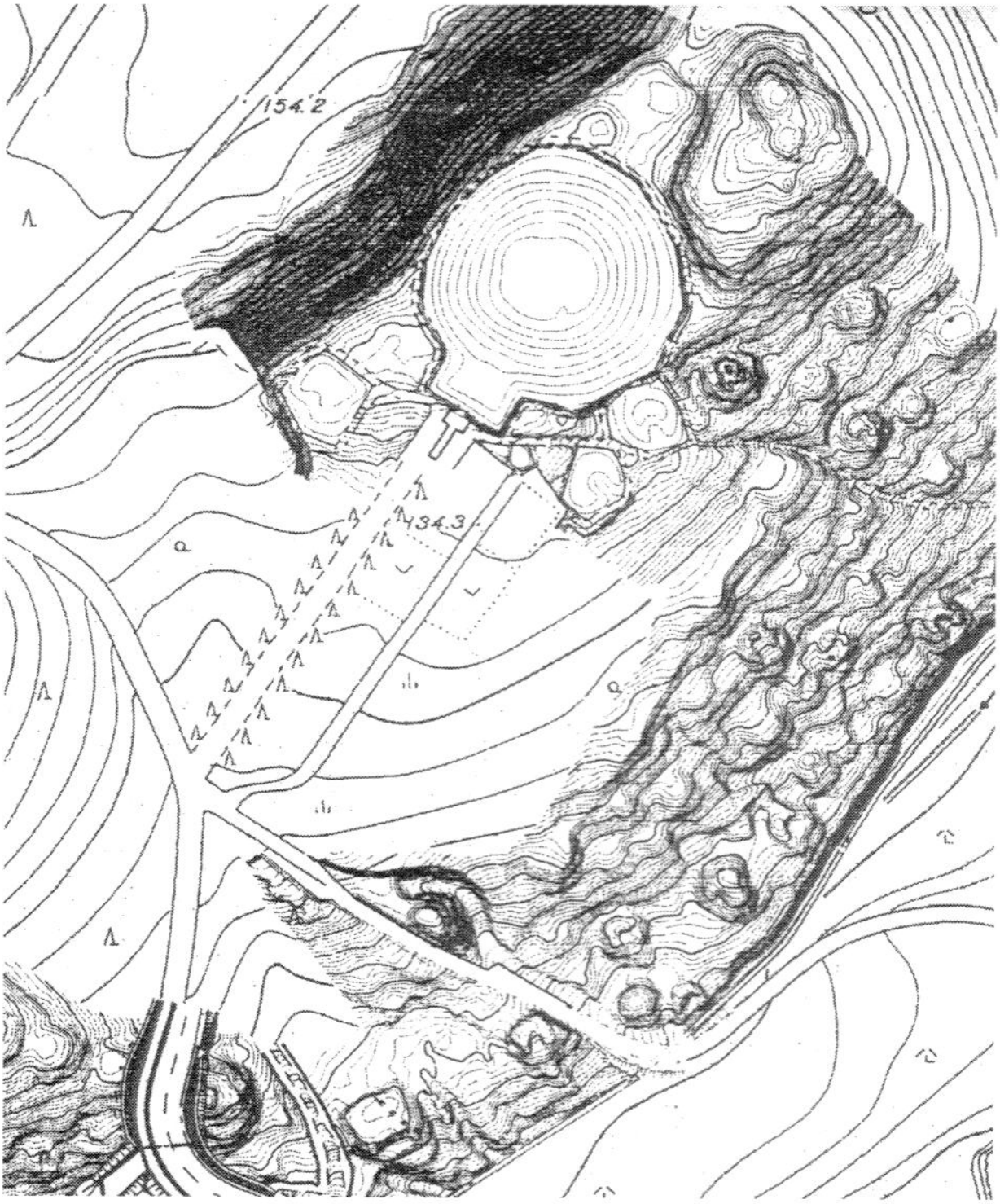

田中王塚古墳と周囲の古墳群
（高島市教育委員会『田中古墳群分布測量調査報告書』2013 年より）

のではないか、とされた。

一方、高橋氏は、田中王塚古墳の被葬者は、「この地域で初めて世に認められて大きな円墳を造ることができるようになった」ものであり、「抑えつけられた結果ではなく、これまでそうした大型古墳を造ることができなかった人が、その時の波に乗って、中央からあるいは他所からのバックアップを受けて初めて築きえた」と捉える見方を示された。

いずれが正しいのか私にはまだ判断できないが、学界を牽引する気鋭の考古学者二人から、対照的な見解が提示されたのはまことに興味深かった。

田中王塚古墳の周囲には、たくさんの小古墳が林立している。これまで四十三基あるとされてきたが、二〇〇九〜一一年の調査により約七十基あることが確認された。この古墳の被葬者の一族の人々か、彼に付き従う臣僚たち、そしてその子孫たちの墓なのであろう。このうちのいくつかから発見された土器が知られていて、これらの年代は最も古いもので五世紀後葉、ついで六世紀中葉のものが多く、七世紀代のものまであるという。これまで本格的な発掘調査が行われた古墳はひとつもなかったのだが、二〇〇七年に初めてこのうちの36号墳とよばれる円墳が調査された。

発掘前は木棺直葬と予想されていたが、実際には横穴式石室が検出され、しかも九州の古墳と共通する石屋《いわや》式という特徴の石室をもっていた。時期は六世紀後半。田中王塚古墳から約百年後である。田中王塚古墳の被葬者を、その死後百年経っても慕い、尊敬していたこの地の有力者が代々営んできたのであろう。

田中王塚古墳は、高島平野の中でも南部にあたる安曇川《あどがわ》より南に造られた最初の首長墳である。これ以前この地域に全長数十メートルの古墳が築かれたことはなかった。安曇川の北には、古墳時代前期から継続して全長三〇メートル級の前方後円墳や円墳が築かれているが、これと比べると、田中王塚古墳の造られた安曇川以南は、新しく開墾された土地ということができるかもしれない。或いは安曇川以北に居た勢力が南にも分岐し、勢力を伸張していったのが、以南の勢力なのかもしれない。

豪華な装飾品が出土・鴨稲荷山古墳

田中王塚古墳より東南へ約二・五キロ降りた鴨川流域に、これより約七十年ほどのちに造られた前方後円墳がある。豪華な金銅製装飾品が多く発掘されたことで有名な鴨稲荷山《かもいなりやま》古墳である。現在、高島市歴史民俗資料館のある高島市鴨から北へ二五〇メートル行ったところにあるこの古墳は、既に墳丘は失われており、二上山の白石で造られたという家形石棺が残されている。もとは全長約四五メートルの前方後円墳だったと推定されているが、早くより墳丘は失われている。それまで未盗掘だったのが、明治三十五年に初めて発掘が行われた。このとき出土した環頭大刀《かんとうたち》の飾りの部分と耳飾りとは、現在東京国立博物館に収蔵されている。大正十一年に京都帝国大学によって本格的な発掘調査が行われ、詳細な報告書も作成された。年代は六世紀前半、ちょうど継体天皇の時代に当たる。

何と言ってもこの古墳が有名なのは、豪華な金銅製装飾品によってである。大刀が三本、広帯二山《こうたいにざん》（「ひろおびふたやま」とも読む）式冠と呼ばれる金銅製の冠、金銅製の沓《くつ》、杏葉《ぎようよう》などの馬具、水晶で出来た切子玉二十六個が発見されている。これらきらびやかな装飾品は、いずれも朝鮮半島に源流をもつもので、この被葬者の国際的な交流を彷彿とさせてくれる。これらについては、このあとも本書でたびたび触れることになるだろう。

三尾氏の集落跡か

古墳だけでなく実際にこの地域に人々が生活していたことを示す集落跡の遺跡も発見されている。田中王塚古墳から約二キロ東にある、南市東《みなみいちひがし》遺跡、下五反田《しもごたんだ》遺跡、八反田《はったんだ》遺跡、さらに近年新しく見つかった天神畑《てんじんばた》遺跡などである。南市東遺跡、下五反田遺跡はJ

R湖西線安曇川駅の周辺一帯に広がる集落遺跡で、両者はおそらくひと続きの巨大な集落だったらしい。

湖西線開通時の一九七五年から発掘調査が行われ、南市東遺跡からは六十五棟、下五反田遺跡からは三十二棟の竪穴住居が見つかった。五世紀代に入って集住が始まり、五世紀末から六世紀に入ると、南市東遺跡・下五反田遺跡はやや衰退したが、これに代わって、その南に隣接する八反田《はったんだ》遺跡が勃興した。

これらの集落は、ちょうど田中王塚古墳と鴨稲荷山古墳の中間にこれをつなぐようにして位置する。JR湖西線安曇川駅のプラットホームに立って、湖面の反対側すなわち山側に向うと眼下に広がる市街一帯がほぼその辺りだ。

田中王塚古墳が五世紀後半、鴨稲荷山古墳がその約七十年後の六世紀前半(五三〇~五四〇年くらい)の造営とされるが、これらの集落遺跡はその両方にかかる五世紀初めから六世紀後半くらいまでの時期に営まれた。

このようにみていくと、田中王塚古墳と鴨稲荷山古墳を造営したのが、南市東遺跡・下五反田遺跡・八反田遺跡などに住んでいた人々であったことが推測できるであろう。文献を参照すれば、この辺りは高島郡三尾里と呼ばれるところであり、ここが三尾氏の本拠で

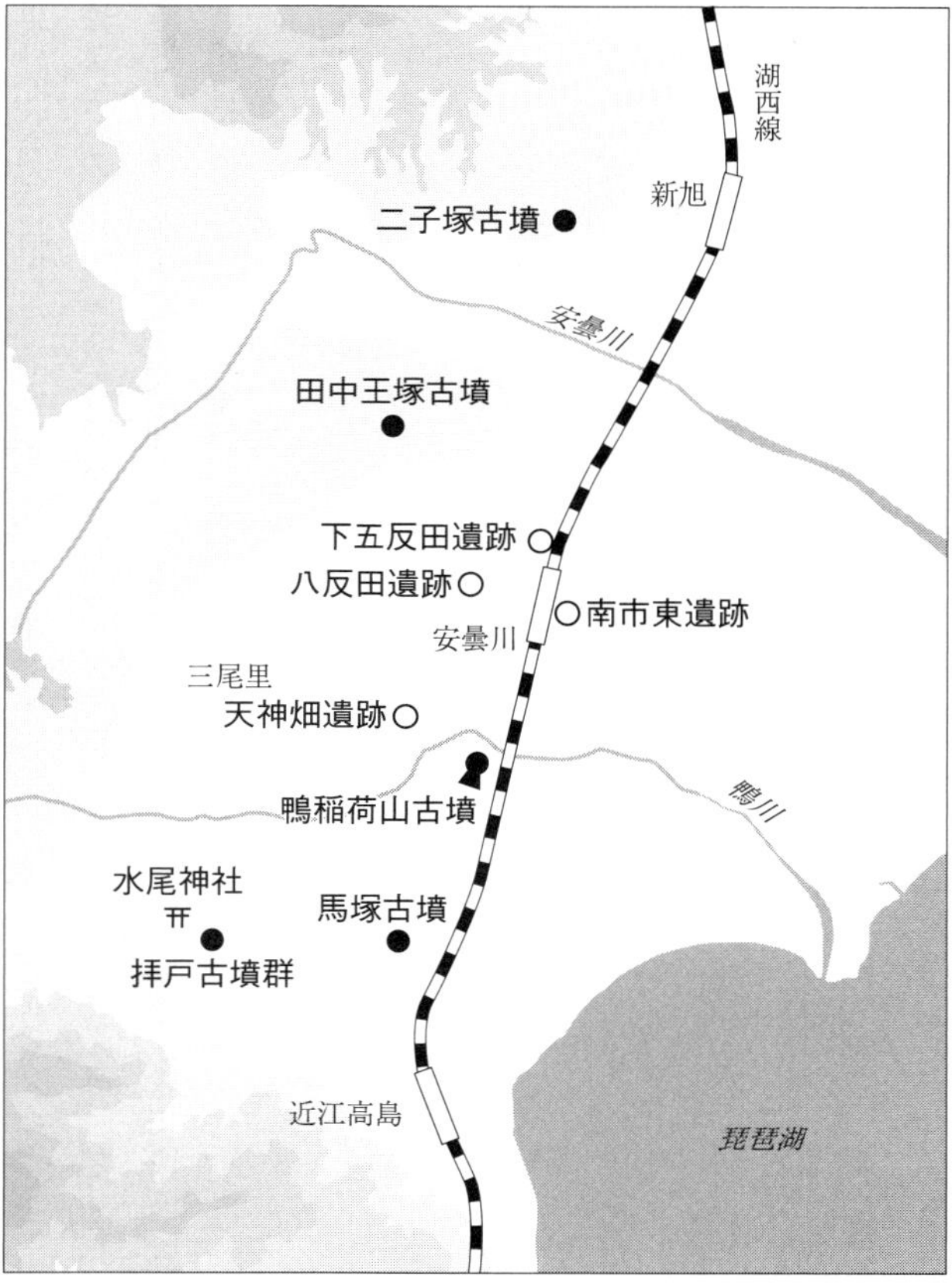

高島郡の古代
現在の湖西線沿線には5世紀初～6世紀の古代集落遺跡がある

ある可能性は高い。また田中王塚古墳が継体の父彦主人王の墓であるならば、同時にここが彼の「高嶋宮」、「三尾之別業」である可能性も高まるであろう。つまり、三尾氏の本拠地と彦主人王の高嶋宮は重なり合っていたのであり、別の言い方をすれば彦主人王は三尾氏の庇護のもと、その本拠に寄寓していた可能性が浮かびあがる。

渡来人との住み分け

注目したいのは、これらの集落遺跡に渡来人が居住していた痕跡があることである。これまで考古学において、渡来人の存在を示す遺物・遺跡として指摘されてきたのは、韓式系土器、須恵器、竈《かまど》、大壁《おおかべ》住居、オンドルといった要素であった。集落遺跡の中にこうしたものが見つかった場合、そこに渡来人が生活していた証左としてきたのである。

このうち韓式系土器は、四世紀末〜五世紀末の河内・大和に最も多く、硬質土器と軟質土器とに大別される。須恵器は、四世紀末から五世紀初めに渡来人が日本列島にもたらした土器で、堺市南部の陶邑《すえむら》に生産の一大センターがあった。竈は竪穴住居内に備え、そこで煮炊きするものである。近年、注目されているのが大壁住居で、これは建物の周囲に溝を掘り、その中に多数の柱を立て並べて壁面を補強する住居のことである。朝鮮半島に特徴的な建築様式で、最近各地で発見されている。オンドルは、竈の蒸気や煙を熱源とした温水暖房施設で、これも明らかな朝鮮半島式の施設である。

南市東遺跡・下五反田遺跡からは、竈、初期須恵器、韓式系土器などが発見されている。下五反田遺跡では南のグループから初期須恵器、韓式系土器、初期の竈が発見されているが、北グループには竈がなく、渡来系の特色がやや弱いという。これらをもとに、高島市教育委員会の宮崎雅充氏は、集落の北部には在来の倭人、南部には渡来人という住み分けがあったのではないかとみている。住民すべてが渡来人だったわけではなく、もともと在来の人々が住んでいたところへ渡来人が移り住むようになり、竈や韓式系土器など渡来系の文化がもとからそこに住んでいた人々の中へも普及していったらしい。

南市東遺跡や下五反田遺跡が三尾氏の本拠地であり、また彦主人王の「高嶋宮」であったとして、そこに渡来人が生活していたと聞くと、三尾氏は渡来人なのか、とか彦主人王は渡来人なのか、と考えてしまいそうになるが、それはいささか短絡的な想定であろう。渡来人はこの集落の一部に住んでいたのであって、すべてではない。在来の人々と彼らは、互いに交流をしながら、住み分けをして共存していた。しかも在来の人々は新来の移住民の伝える新しい生活文化を受け入れ、また従来の技術と折衷させていった。

三尾氏や彦主人王が渡来人と同じ集落で生活し、彼らが伝えた大陸文化をいち早く取り入れ、暮らしていたことはおそらく間違いない。継体の生まれ故郷はこうした土地であった。すがすがしい湖水の風と先進的な渡来文化の空気のなかで、生まれ育ったのである。

第三章　継体天皇のルーツを探る

琵琶湖の対岸に

継体天皇の父彦主人王《ひこうし》は、近江国高島郡に居住した。ではその父の乎非王《おひ》やその父の意富富等王《おほほど》、そのまた父の若野毛二俣王《わかぬけふたまた》らはどこに住んでいたのだろう。高島郡の南部に田中王塚古墳より古い首長墳が見当たらないことからすると、彦主人王以前に彼らの一族は高島にはいなかった可能性が高い。ではここに来る前、彼らはどこに住んでいたのだろうか。

そこで候補に上がるのが高島郡のちょうど対岸にあたる坂田郡（現在の長浜市・米原市）である。そこには、彦主人王と同じ傍系王族の男子がいた。娘を継体の后妃としている息長真手王《おきながまて》と坂田大俣王《おおまた》とである。二人の名前にある息長と坂田は、いずれも坂田郡の地名であるから、そこに居住していたことは間違いない。二人共『記・紀』にその出自が記されていないが、おそらく継体と同じような傍系の王族なのだろう。高島郡のちょうど対岸に位置する坂田郡に住み、姻戚関係もあることからすると、継体の一族と彼らは同じ父系親族に属する可能性が高い。

「上宮記一云」系譜では継体の曾祖父にあたる意富富等王は、『古事記』応神天皇段をみると、息長氏・坂田氏・三国氏・酒人《さかひと》氏・波多《はた》氏・山道《やまじ》氏・筑紫の末多《また》氏・布勢氏、この八氏族の祖であると記されている。つまり継体天皇と息長氏・坂田氏らは系譜の上では同じ意富富等王の後裔であって、同祖の関係にあるのである。息長真手王と坂田大俣王は、おそらく意富富等王の子孫で、のちの息長氏と坂田氏の祖先にあたるのであろう。

「母に随ひて近江坂田に在り」

意富富等王が近江国坂田郡に居たことを示唆する記事が『日本書紀』允恭《いんぎょう》天皇七年十二月条にある。皇后忍坂大中姫《おしさかおおなかつひめ》が妹衣通郎姫《そとおしのいらつめ》を天皇の御前で披露したところ、気に入った天皇は彼女の入内を求めた。しかし彼女は姉である皇后に気を使いこれを拒んだ。天皇から衣通郎姫のもとへ遣わされた中臣烏賊津使主《いかつおみ》は、説得にあたろうとするが拒まれる。衣通郎姫を待つこと七日、耐え忍んだ。この思いがついに通じ、中臣烏賊津使主は衣通郎姫の説得に成功し、彼女は入内を決意するのである。この衣通郎姫が住んでいたのが近江の「坂田」であった。

時に弟姫《おとひめ》、母に随ひて近江坂田に在り。

彼女は皇后忍坂大中姫の妹で、意富富等王の妹でもある。姉妹の父は応神天皇の皇子若野毛二俣王である。「母に随ひて」とある母とは『日本書紀』には名前がないが、『古事記』には「百師木伊呂弁《ももしきいろべ》、亦の名は弟日売真若比売命《おとひめまわかひめ》」とある。こうした伝承から、継体の曾祖父の意富富等王かあるいはその父の若野毛二俣王の代から、この王家は近江の坂田郡にいたことがわかる。これについては既に塚口義信氏が指摘されているところである。

とりわけ「母に随ひて近江坂田に在り」とあるのは、意富富等王、忍坂大中姫、衣通郎姫ら兄弟姉妹の母が、この近江の坂田郡の豪族出身だったことを示している。応神の男子である若野毛二俣王と、近江国坂田郡の豪族出身の「百師木伊呂弁、亦の名は弟日売真若比売命」が結婚し、生まれた子どもたちは母のもとで養育されたのだろう。こうして、継体の曾祖父の意富富等王、またその父の若野毛二俣王あたりから、この王族は近江国坂田郡に土着するようになったに違いない。そしてその後裔が継体であり、息長真手王、坂田大俣王、さらにはのちの息長氏であり坂田氏であるとみられるのだ。

琵琶湖の北東・長浜古墳群

彼らが本拠とした近江国坂田郡には、大きく二つの古墳群がある。長浜古墳群とその南にある息長古墳群とである。

このうちより早く前方後円墳を造り始めたのは長浜古墳群で、横山という南北に長い丘陵とその西麓に位置している。古墳時代前期の四世紀中葉から後半に山ケ鼻《やまがはな》古墳が造られたあと、半世紀以上の空白期を経て、五世紀前葉から中葉に長浜茶臼山《ちゃうすやま》古墳という湖北地方最大の前方後円墳が造られた。全長九二メートル、別名臥龍山《がりゅうざん》とよばれる長いなだらかな丘陵の北端にこの古墳はある。丘陵を登り、墳丘にまで上がると、見晴らしのいい湖北の平野が一望できた。

この古墳は段築と葺石《ふきいし》を備えた本格的な前方後円墳で、築造年代には古墳時代前期とする説と中期とする説とがあって定まっていないのが現状であるが、滋賀県文化財保護協会の辻川哲朗氏によると、6期（五世紀前葉から中葉。以下、古墳の時期の表記は『前方後円墳集成』〈山川出版社〉による）とみられている。長浜古墳群では山ケ鼻古墳以来、半世紀以上ぶりの前方後円墳、しかも湖北最大という規模や、段築と葺石をもつことからも、こ

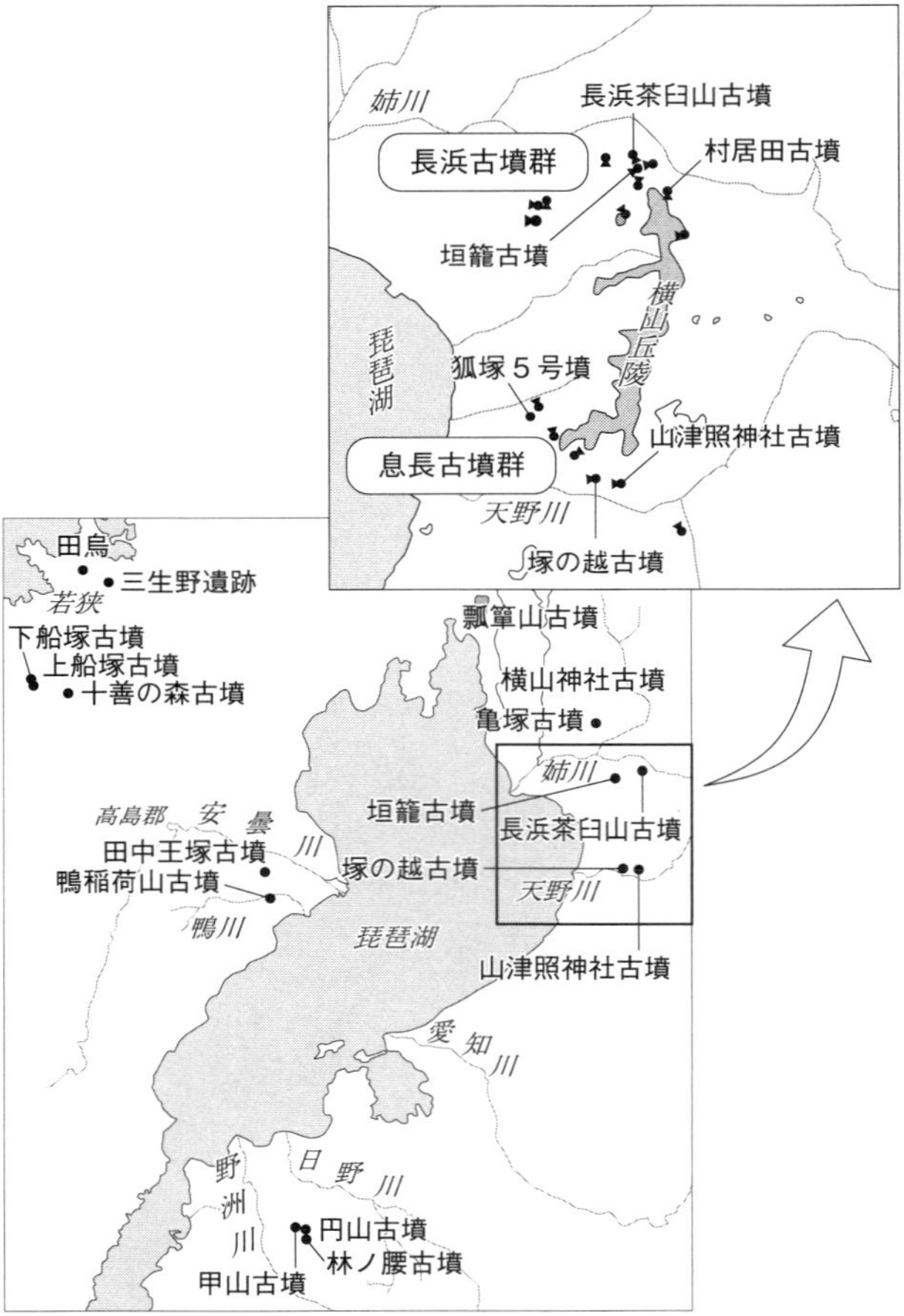

近江・若狭の古墳（5 世紀後半〜6 世紀前半）

れまでとは一線を画する重要な古墳といえよう。

その次に造られたのが横山丘陵の東側にある村居田《むらいだ》古墳である。現在この古墳は、敏達《びだつ》天皇の皇后、息長広媛《ひろひめ》の御陵として宮内庁の管理下にある。また一部が光運寺という寺院の敷地にもなり、墳丘の多くが失われている。

地元の記録によると、元禄九年にこの寺の本堂改築のため、その地を開墾したところ、「図らずも大石槨《せきかく》現われ、その中に大石棺の埋蔵さるる」が発見された。工事は中断され、領主が検分した結果、発掘品は「村人堀居左近《ほりいさこん》」の邸内に移されたという。その後、明治五年に教部省の視察があり、明治十一年には息長広媛の御陵として修築された。

『近江坂田郡志』にはこの古墳の石棺の古図が掲載されている。そこには縦約二・二メートル、横一メートルの古式の家形石棺らしきものが描かれているが、高木恭二氏や和田晴吾氏は、これを阿蘇溶結凝灰岩《ようけつぎようかいがん》（いわゆる阿蘇ピンク石）を材料にしたものと考えている（現在、発掘品も石棺も所在が不明）。かつては円墳と考えられていたが、今では前方後円墳とする見解が有力とされている。但し墳丘の規模については、現在の地形からどのように復元するのか諸説あり、宮成良佐氏・森口訓男氏の推定では一〇〇メートル以上の前方後円墳とされている。造られた年代は、7期〜8期ころ（五世紀中葉から後半）とされる。

その次に造られた首長墳が、五世紀後葉とみられる垣籠《かいごめ》古墳である。全長六〇メートルの前方後円墳で、周濠をもつ。後円部には横穴式石室が備えられていたとみられており、出土した埴輪からいわゆる尾張型埴輪が見つかっている。この尾張型埴輪とは、東海地域に特徴的な円筒埴輪で、これが五世紀後半から六世紀前葉に畿内の北部に波及していく。詳細はのちほど説明しよう。

ここまで長浜茶臼山古墳、村居田古墳、垣籠古墳と、五世紀前葉から後葉にかけて、長浜古墳群では切れ目なく全長一〇〇メートルから六〇メートルまでの前方後円墳が続いていたのが、以後途切れてしまう。これと入れ代わるようにして勃興するのが、その南にある息長古墳群だ。

新興の息長古墳群

息長古墳群は、古墳時代前期に定納《じようのう》1号墳、定納5号墳といった小古墳があるが、前者は前方後方墳、後者は方墳で、前方後円墳ではない。古墳時代中期に入っても平塚古墳という首長墳が現れるが、これも円墳あるいは帆立貝式古墳である。このころまでは、どこまで中央の政権と政治的関係があったのかはよくわからない。

この地域に前方後円墳が初めて造られるのは、五世紀末から六世紀初頭の塚《つか》の越《こし》古墳である。現状では、北陸自動車道の高架の下、田園の傍らにたたずむ小さな古墳だが、本来は全長約四〇メートル、周濠、葺石を備え、湖北地方では最も早く横穴式石室を導入したらしい。墳丘には石見《いわみ》型盾形埴輪と円筒埴輪をめぐらしていた。これらは、畿内から導入された形式の埴輪である。

考古学者の森下章司氏は、この古墳の築造が「息長古墳群の変遷の中でも大きな画期」であり、「墳丘形態、埴輪、埋葬施設、副葬品のいずれをとっても、各段に優れた内容をもつ古墳」と評価する。高橋克壽氏は、それまで湖北地方では長浜古墳群のほうが優位に立っていたが、この古墳を境に息長古墳群のほうが優勢になるという。

六世紀前半から半ば近くに作られたのが、山合いの最も奥まったところにある山津照《やまつてる》神社古墳である。文字通り山津照神社という神社の境内にあるが、かってこの神社は青木梵《ぼん》天《てん》社という名であった。明治になって既に廃絶していた延喜《えんぎ》式内社山津照神社に比定され、この社名に改められた。古墳は一八八二年に発掘されたが、その後一九九四年の京都大学考古学研究室の調査により、全長四六メートルの前方後円墳と推定された。石見型盾形埴輪と円筒埴輪をめぐらしていた点は、塚の越古墳と共通する。

一八八二年の発掘当時に残された絵図からは石屋式と呼ばれる九州式の横穴式石室のあったことがうかがえる。副葬品には、金銅製の冠、刀剣、水晶製の三輪玉などが見つかっている。この山津照神社古墳が息長古墳群だけでなく、坂田郡では最後の前方後円墳となった。

長浜から息長へ

長浜、息長両古墳群を比較すると、先に繁栄したのは長浜古墳群であった。それが五世紀後半に長浜古墳群では垣籠古墳が造られたのを最後に前方後円墳は造られなくなり、これと入れ替わるように息長古墳群では五世紀末ころから六世紀初頭ころに塚の越古墳が造られる。六世紀前半ころ、すなわち継体朝において前方後円墳を造り続けているのは息長古墳群の山津照神社古墳だけであり、このころにはもう長浜古墳群では前方後円墳は造られていない。ただこの山津照神社古墳にしても、ほぼ同時期に対岸の高島郡に造られた鴨稲荷山古墳と比較すると、遜色のあるのは否めない。

これまでの考古学の検討では、そこに長浜古墳群→息長古墳群という勢力交代を見てきた。そして両者を造営したのは別の集団だと見る向きが多かった。しかし、あるいはこれをひとつの勢力の移住・分枝と見ることもできるかもしれない。つまり最初は長浜に居住していた集団から、のちに息長に進出していった集団が枝分かれしたとは考えられないだろうか。ただ、分枝したのちの両勢力を比較すると、先にも述べたように、塚の越古墳以後は息長に進出した勢力のほうが盛んだったようにみえる。

私はこの移動は、坂田郡のみならず高島郡まで含めて考えたい。そうすると、長浜古墳群→息長古墳群→鴨稲荷山古墳という変遷が見て取れる。山津照神社古墳と鴨稲荷山古墳とを比較すれば、その優劣もまた明らかだ。それまで前方後円墳の造られたことのなかったいわば新興の地に初めて造られた鴨稲荷山古墳が、山津照神社古墳を越える副葬品を持っているのである。おそらく鴨稲荷山古墳に埋葬された人物も、息長古墳群から移動した人物だったのではないだろうか。そしてここでも枝分かれした方が、もとの地に残ったほうより栄えたようにみえる。

長浜古墳群の被葬者は誰か

ここまで来れば名前を挙げよう。長浜古墳群、息長古墳群の被葬者の名前だ。試論にすぎないが、現在私が考えているのはこうである。

まず長浜古墳群に最初に出現した大首長墳、長浜茶臼山古墳は、これ以前の湖北地方の首長墓とはスケールも格段に違い、段築と葺石を備えた本格的な前方後円墳であった。もともと在地の勢力にこれだけの古墳を造ることは難しいだろう。中央からこの地域に土着した勢力が最初に造った、いわば初代の王墓ではないかと思われる。時期は五世紀前半から中ごろにかけて（四二〇〜四三〇年代）と考えられる。応神天皇が四世紀末から五世紀初頭の人物とすると、その皇子の若野毛二俣王の墳墓にふさわしい。彼は近江の坂田郡の土豪の娘と婚姻してこの地に土着化したのであろう。

長浜茶臼山古墳の次の世代に当たるのが、村居田《むらいだ》古墳である。年代は五世紀半ばから後半にかけてとみられる（四五〇〜四七〇年代）。全長一〇〇メートルとも言われるが、そうだとすると長浜茶臼山古墳と同等かこれより大きかった可能性が浮上する。阿蘇溶結凝灰岩（阿蘇ピンク石）を使っているところなどは、九州地方との結びつきを思わせる。私はこれを若野毛二俣王の子どもの意富富等《おほほど》王の墓に当てたい。意富富等王の妹の忍坂大中姫《おしさかおおなかつひめ》は允恭天皇の皇后であった。允恭天皇は『宋書』倭国伝にみえる「倭王済」とみられ、この王は西暦四四〇年〜四五〇年代ころに在位した。意富富等王は允恭天皇と同世代だったことになるから、彼も五世紀半ばに亡くなっている可能性が高い。この点で村居田古墳はふさわしいだろう。

その次の世代の墳墓が五世紀後葉とみられる垣籠《かいごめ》古墳である。全長六〇メートルの前方後円墳だが、この古墳の被葬者には坂田大俣王を当てたい。この王は継体の后妃、黒比売《くろひめ》（広媛）の父で、出自は『記・紀』にも記されていないが、若野毛二俣王—意富富等王の系列につながる王族とみられる。継体の舅であることからすると、五世紀末から六世紀前半ころの人物ということになり、この古墳の被葬者にふさわしい。先にも触れたようにこの古墳は坂田に営まれた最後の前方後円墳である。このことからしても、被葬者には坂田大俣王を当てるのが妥当とみられる。

息長古墳群の被葬者は誰か

垣籠古墳とほぼ同時期か少し新しいのが息長古墳群に最初に造られた前方後円墳、塚の越古墳だ。先にも述べたように、この古墳の被葬者は初めて息長の地に進出した有力者で、以後は長浜古墳群よりも息長古墳群のほうが優勢になる。畿内から導入された横穴式石室や石見型盾形埴輪・円筒埴輪を備えていることは、この古墳の被葬者が中央とも結びつきをもち始めたことを示している。これは継体天皇の即位の伏線ともいえる現象といえるだろう。私はこの古墳の被葬者に継体の祖父乎非《おひ》王を当てたい。

前章では、継体の父彦主人王の墓に高島郡の田中王塚古墳を当てた。この古墳の年代は五世紀後半で、塚の越古墳より古い。継体の祖父の墓より父親の墓のほうが古いというのはおかしいと思われるかもしれないが、継体の父・彦主人王は子どもが幼年のうちに夭折したのであった。だから、彼よりその父乎非王のほうがあとまで生きていた可能性は十分あるのである。この点で、塚の越古墳が継体の祖父乎非王の墳墓と考えて不思議はない。

続いて造られた山津照神社古墳は、誰を葬っているのだろう。六世紀前半から半ば近くに造られたこの古墳は、息長古墳群最後の前方後円墳でもある。この古墳の被葬者は息長真手王ではないか。この人物は、坂田大俣王と同じく継体に娘を后妃として送った人物である。但し、彼は継体の孫にあたる敏達の皇后広媛の父でもある。

山津照神社古墳の年代は、今城塚古墳や鴨稲荷山古墳よりやや新しく、おおよそ五四〇年代まで下がるらしい。とすれば、世代的には継体と同世代の人物の可能性があろう。私は息長真手王は継体のいとこ、具体的には乎非王の孫ではないかと想像する。その間の一代は名前は残っていないかもしれないが、塚の越古墳と山津照神社古墳の年代の間に造られたとみられる狐塚《きつねづか》5号墳は、この人物の古墳かもしれない。全長約三〇メートルの円墳で、豊富な形象埴輪が出土している。

坂田から息長、高島へ

ここまで想像も交えながらではあるが、長浜古墳群と息長古墳群の首長墓の被葬者を大胆に推定してきた。これを系図にしてみると、次のようになる。

長浜茶臼山（6期）→村居田（7期）→垣籠（8期）
　　　　　　　　　　　　　　　└→塚の越（8期）→狐塚5号（8期）→山津照神社（9期）
　　　　　　　　　　　　　　　　　　　　　　　　└→田中王塚（7期）→今城塚（9期）→鴨稲荷山（9期）

若野毛二俣王—意富富等王—坂田大俣王
　　　　　　　　　　　　└乎非王—○—息長真手王
　　　　　　　　　　　　　　　　└彦主人王—継体天皇
　　　　　　　　　　　　　　　　　　　　　　└大郎子皇子

これによれば、若野毛二俣王を初代として近江国坂田郡に土着した王家は、その孫の段階で坂田郡に残った坂田大俣王と息長に移った乎非王とに分岐し、さらに乎非王の子の彦主人王が琵琶湖対岸の高島郡に移住したことになる。この彦主人王の子が継体で、この三カ所に分立した王家は、坂田大俣王と息長真手王の娘が継体に嫁いでいることからもわかるように、互いに友好な関係を維持していたようである。坂田から息長、さらに高島への移住は、拡大していくこの王家の膨張の現れであり、彼らが経済的な力を蓄えてきていたことを示すのであろう。

おそらく坂田郡には古くから原・息長氏のような土着の豪族がいて、そこへ若野毛二俣王が婿入りする形で入り、両者は一体化したのではないか。その子孫が息長氏なのであろう。若野毛二俣王に娘を納《い》れ、意富富等王の外祖父となった「咋俣長日子王《クイマタナガヒコ》」は、その原・息長氏を象徴する人物なのであろう。

交通の要衝地

この近江国坂田郡から東行して山脈の中へ分け入ると、不破郡を経て美濃国に至る（一二ページ「継体天皇関係地図」参照）。現代では、東海道新幹線米原駅から岐阜羽島駅へ至るルートである。継体朝から約百七十年後の壬申の乱において大海人皇子が本陣を構えたのはここだったし、さらにその約千年後、この地で関ヶ原の戦いが行なわれた。この辺りが交通の要衝であることは古今とも変わりはない。継体の祖父乎非王は、美濃国武儀《むぎ》郡の豪族、牟義都国造《むぎつこくぞう》の娘を娶っている。近江国坂田郡から美濃国へ、継体の父祖たちも当然のようにこのルートを通って、勢力を拡張していた。

その美濃から南へ下れば、広大な尾張平野が広がる。ここには継体朝の時代、全国的にも屈指の規模をもつ前方後円墳が築かれた。全長一五一メートル、東海地方最大の断夫山《だんぷさん》古墳である。畿内や西国では古墳の規模が次第に小さくなってくるこの時期にあって、この古墳の巨大さは、際立っている。当該期としては今城塚古墳の一九〇メートルに次ぐ列島第二位の大きさで、これは一三八メートルの福岡県岩戸山古墳を上回る。発掘調査はまだ行なわれていないが、時期は六世紀前半、ちょうど継体朝にあたるとみられ、被葬者としては、尾張連《おわりのむらじ》出身の継体妃目子《めのこ》媛《ひめ》、あるいはその父の「尾張連草香《くさか》」や、兄の「凡《おおしの》連」が考えられる。

これより少し前、六世紀初頭に造られたのが、大須《おおす》二子《ふたご》山《やま》古墳と味美《あじよし》二子山古墳である。

大須二子山古墳の規模は、最近全長一三八メートルあったとの説が唱えられている。時期は六世紀初頭ころ、断夫山古墳より一世代前の尾張最大の首長の墓であろう。味美二子山古墳は、全長九四メートルの前方後円墳で、六世紀初頭の築造。断夫山古墳のあとも、この周辺では大きな古墳が造られる。白鳥《しらとり》古墳は全長七〇メートルの前方後円墳で、年代は六世紀前半〜中葉とみられる。

尾張連出身の継体妃

尾張連出身の継体妃「目子《めのこ》郎女《いらつめ》」について、『古事記』は七人いる后妃のうち三尾氏出身の「若比売《わかひめ》」に次いで二人目に挙げ、『日本書紀』は「元妃《もとのきさき》尾張連草香女、目子《めのこ》媛《ひめ》」と記す。『記・紀』ともに仁賢天皇の娘「手白香皇女」との婚姻は即位にあたって行なわれたと記しているが、『日本書紀』の「元妃」という表記は、それ以前においては目子媛が継体の正妻であったことを示していよう。その息子安閑《あんかん》と宣化《せんか》が即位していることからも、その母方である尾張氏の勢力の程が知られる。

　第一回の高島古代史フォーラムにおいて、私は長年にわたり全国の古墳を踏査された考古学者中司照世《なかつかてるよ》さんに、純粋に古墳だけで比較すれば、近江・越前・尾張・美濃・若狭など、継体の出身地周辺で最も勢力が盛んだったのはどこですか、と尋ねた。中司さんはすかさず尾張です、と答えられた。

尾張が圧倒的に優勢だろうと思います。その次に優勢なのは美濃、その次は近江、最後が越前になります。

抜きんでた勢力を持つ尾張氏の後援なくして継体の即位はなかったであろう。注目したいのは、にもかかわらずこの氏から、或いはこの地域から大王を生み出したわけではない、という事実である。大王は尾張からではなく、近江から生まれた。そこに純粋に勢力だけでない要素――おそらく血統――が作用した余地を私は考える。思うに、尾張には継体のような王族はいなかったのであろう。実力だけで大王になれるのなら、尾張氏の族長が大王になってても不思議はないが、もはやそうした時代ではなかったのだ。

注目される尾張型埴輪

尾張の影響力を示す考古資料が、いま多くの考古学者、特に埴輪研究者の間で注目されている。古墳に立て並べられる埴輪には、人や動物や家などを模した形象埴輪のほかに、円筒埴輪とよばれる形式があるが、このうち尾張から東海地方のそれに特徴的なものを、彼らは尾張型埴輪とよんでいる。

古墳時代の始まりと共に製作され出した埴輪は、もともと弥生時代から続く伝統的ともいえる土器作りの技法を用いて焼成されてきた。これに比べて尾張型埴輪は、西暦四〇〇年前後に朝鮮半島から伝わった新しい須恵器製作の技法を用いて製作されている点に特徴がある。尾張型埴輪かどうかを判別する指標は五つあるという。この分野の代表的な研究者である辻川哲朗氏の言葉を借りれば、その特徴は、須恵器を作る工人が埴輪を作ったために生じたものだという。

須恵器工人が作った埴輪が埴輪工人の作った埴輪とどこが違うのかと言いますと、製作に轆轤《ろくろ》を使うか使わないかの違いです。尾張の影響を受けた長浜垣籠古墳の埴輪は轆轤の上でぐるぐる回しながら作られた埴輪である、とそのようにご理解ください。

（高島古代史フォーラム「継体天皇と鴨稲荷山古墳」二〇〇九年での発言）

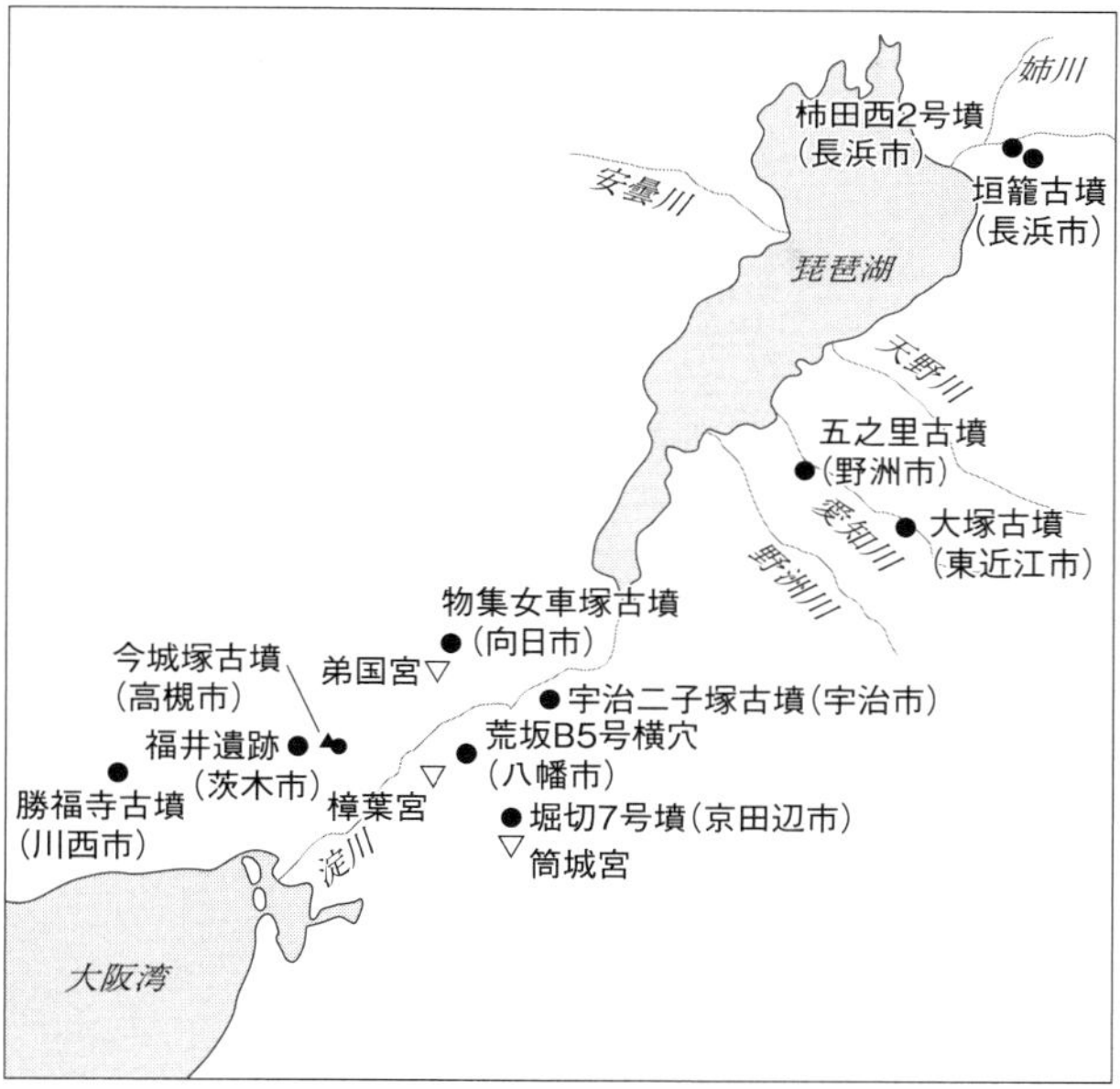

近畿地方の尾張型埴輪の分布（5世紀末〜）

尾張特有の地域色をもったこの埴輪が、古墳時代後期に入ると、尾張からその周辺に波及していく。それが不思議と継体の支援地域である近江から越前、淀川流域などに展開していくことに、複数の考古学者が気づいた。

A 垣籠《かいごめ》古墳（滋賀県長浜市）
B 柿田《かきた》西《にし》2号墳（滋賀県長浜市）
C 大塚古墳（滋賀県東近

江市）
D五之里《ごのり》古墳（滋賀県野洲市）
E宇治《うじ》二子塚《ふたごづか》古墳（京都府宇治市五ケ庄《ごかしょう》）
F物集女《もずめ》車塚《くるまづか》古墳周辺遺跡（京都府向日《むこう》市）
G荒坂《あらさか》B支群5号横穴《おうけつ》（京都府八幡市）
H堀切《ほりきり》7号墳（京都府京田辺市薪《まき》）
I福井遺跡（大阪府茨木市西福井）
J勝福寺《しょうふくじ》古墳（兵庫県川西市）

A垣籠古墳が継体の父方の親族が埋葬された古墳であろうことは先に見たとおりだ。B柿田西2号墳はその付近にある。F京都府向日市の物集女車塚古墳周辺遺跡、G京都府八幡市の荒坂B支群5号横穴、H京田辺市の堀切7号墳は、それぞれ継体が置いたとされる樟葉宮、弟国宮、筒城宮に近い。I福井遺跡は今城塚古墳と近い。これらからすると、C大塚古墳、D五之里古墳、E宇治二子塚古墳やJ勝福寺古墳も、何らかの意味で継体と近い関係にある人物を葬った古墳である可能性が高まってくるだろう。

継体を支えた地元の豪族や、継体の側近、身内などの造墓に際し、尾張から埴輪工人が派遣され、参画したのではないか。あるいは平素から彼らは各宮で生活する継体に付き従っていたのかもしれない。

第四章　冠と大刀

冠の伝来

ここ十年ほどの間、継体天皇をめぐる考古学からのアプローチは長足の進歩をみた。前章の末尾に触れた尾張型埴輪は、継体の有力な支援者であった尾張氏の勢力拡大のようすを反映する考古資料として、きわめて貴重なものであったが、同じように継体の台頭のプロセスを反映している考古資料として、現在注目されている遺物が他にもある。広帯二山式冠とよばれる金銅製の冠と、捩《ね》じり環頭大刀《かんとうたち》とよばれる大刀である。これらは継体が自らの支援者や身内などに配布した威信財（権威・権力を象徴する品）ではないか、と言われているのだ。

以下、この分野の研究を牽引している新進研究者である高松雅文氏の研究に導かれながら、広帯二山式冠と捩じり環頭大刀という継体天皇の二つの威信財について検討してみたい。

日本古代の冠というと有名なのが、六〇三年に聖徳太子が制定したといわれる冠位十二階であろう。あの際の冠は織物製であった。そしてそれらは、天皇が国内の身分秩序を表示するものとして、中央の豪族たちに与えたものであった。原田淑人氏の研究によれば、中国では遥か戦国時代ころから身分や官位を表象する服飾制度が整備され、冠はその中でも重要な要素になっていたという。冠はいつごろ大陸から日本列島に伝わったのか、そしてそれらを単なる外来のファッションとしてでなく、国内の身分秩序を表示するものとして大王が配布するようになったのはいつごろからだろうか。

　冠は、鉢巻のように頭の周囲に巻くだけで頭頂部を覆わないもののことで、これらは通常上部に立ち飾りと呼ばれる飾りをもつ。頭の周囲を巻く帯の部分の幅が太いものと細いものとがあって、この違いから広帯式と狭帯《せまおび（きょうたい）》式の二種、及び前面に大きな飾りがあり、帯の部分が短く頭を一周しない額飾《ひたいかざり》式の三種に分類する。一方、頭をすっぽり覆うもののことを帽という。冠を被ってその上に帽を被ることもある（以上は現代の学者たちの分類を筆者が要約したもので、必ずしもすべての学者に一致しているわけではないことを付記しておく）。

　朝鮮考古学が専門の吉井秀夫氏によると、朝鮮半島では冠は「政治的な関係を象徴する役割」をもって、「五世紀中葉から六世紀前葉に盛行する」という。日本ではやや遅れて五世紀半ばか後半ころ、狭帯式か額飾式の冠や帽が朝鮮半島から伝来したのが最初のよう

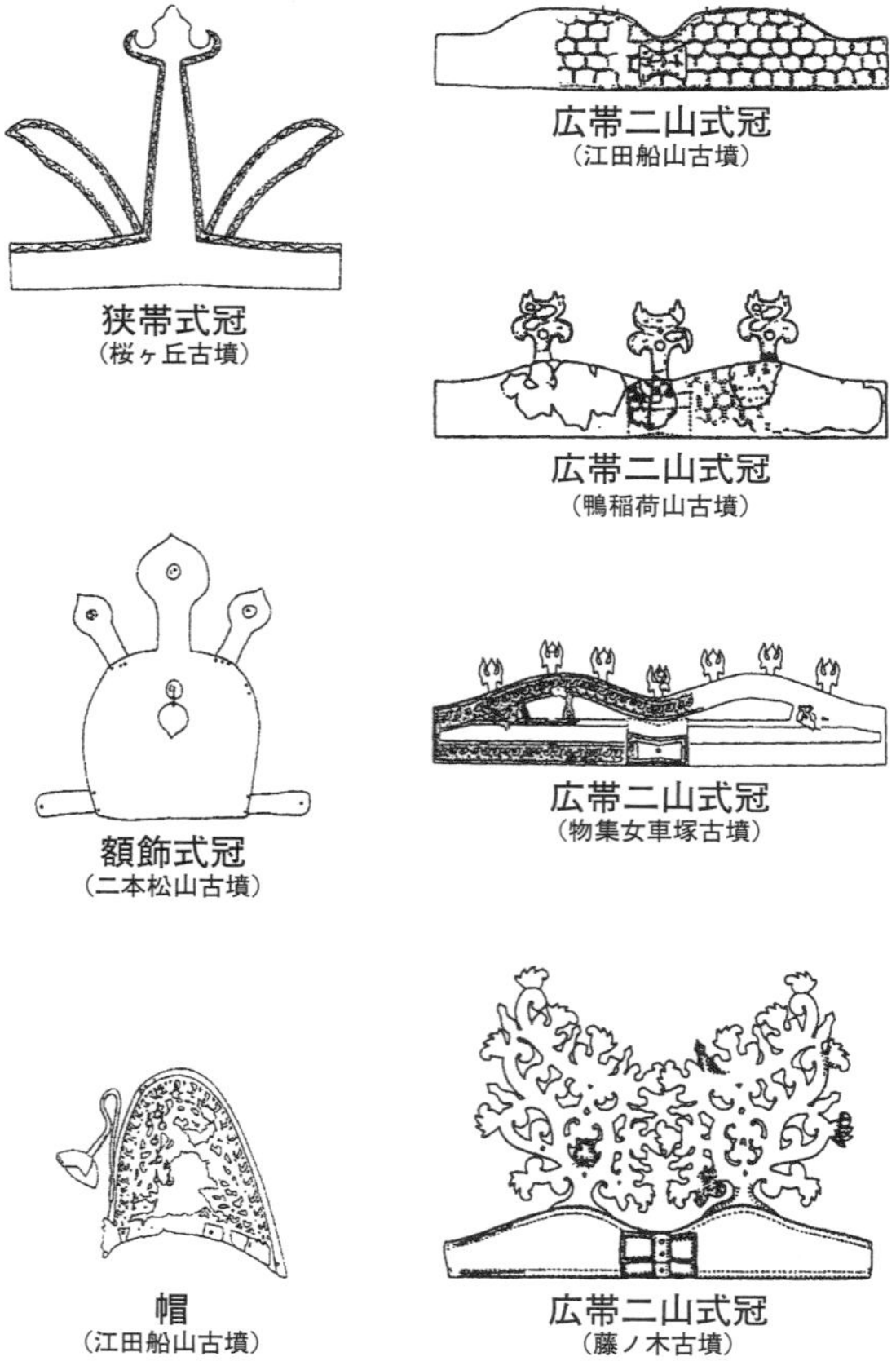

冠と帽

(上林史郎「冠と履―首長のステータス―」より)

だ。額飾式冠では福井県の二本松山《にほんまつやま》古墳のもの、狭帯式では長野県桜ヶ丘古墳のものが代表的といえる。いずれも国産品ではなく舶載品《はくさい》（輸入品）とりわけ大伽耶《おおかや》（朝鮮半島南部の伽耶諸国の一国。のちの高霊《コリョン》）産で、しかも輸入経路は大和政権を介せず、直接朝鮮半島から将来したか、あるいは半島の工人を日本列島に来住させて製作したものとみられている。他に金製垂飾付耳飾《きんせいたれかざりつきみみかざり》なども、大伽耶系の舶載品である可能性が指摘されている。

新羅の冠をかぶった倭人

一体どういった経緯で、彼ら地方の首長たちは大伽耶産の冠や金銅製品を入手したり、この地域に住む工人を倭国に連れてくることができたのだろうか。第一章で韓国の栄山江《えいざんこう》流域に営まれた十三基の前方後円墳は、彼の地に渡った倭人首長の墓であるとする説を紹介した。先にも述べた通り、『日本書紀』継体天皇条から欽明天皇条あたりには、伽耶や百済や新羅など朝鮮半島各地に倭人が交わり住み、東アジア諸国の複雑な外交交渉・軍事活動に関わっていたことを記している。

こうした海外に定着した倭人が、新羅の国王から冠を授けられたという記述が『日本書紀』にある。欽明五年三月条にみえる「佐魯麻都《さろまつ》」という人物である。彼の父親は倭人だったが、母親は朝鮮半島の人物で、「安羅《あら》日本府」という伽耶に置かれた倭の出先機関に属する官僚だったという。当時倭と百済は同盟関係にあったが、彼は倭人でありながらしばしば百済よりも新羅に親近な態度を示した。これに不信感を抱いた百済王は欽明天皇に対して、佐魯麻都の更迭を求める上表文を送った。そこには以下のようにある。

臣、深く懼《お》づらくは、佐魯麻都《さろまつ》、是韓腹《これからのはら》なりと雖《いえど》も、位大連《くらいおおむらじ》に居り、日本の執事の間にまじはりて、栄班《さか》え貴盛《とうと》き例《つら》に入れり。而るに今、反りて新羅の奈麻礼《なまれの》冠を著《き》たり。即ち身心の帰附《きふ》するところは他に照《あらわ》れ易し。熟《つらつら》作《な》す所を観るに、都《かつ》て怖畏《おそ》れること無し。

（倭王の臣下である私が、深く恐れているのは佐魯麻都です。この者は母が韓人でありながら倭国の大連の位におり、日本の官人の間に交じって高位高官の仲間に入っております。にもかかわらず、今、一転して新羅の奈麻礼の冠を着けています。心と体がどこに帰属しているか、他人の目にも明らかです。その行動をつらつら見ますに、全く恐れる様子は見えません）

「奈麻礼《なまれ》」とは新羅十七等官位の第十一位に当たる位である。その位を示す冠を「佐魯麻都」は新羅王から与えられ、かぶっているのだという。「安羅日本府」の要職にもある倭人がどうして新羅の冠を被るのか、二心のある証しではないか、と百済王は怒っているのである。

この記事から確認できるのは、当時の朝鮮半島ではすでに冠は単なる上流階級のファッションではなく、官位という政治的地位を表示するものであったということである。それが新羅の国王から、半島に定着した倭人あるいはその二世に授与されたのである。おそらく「佐魯麻都」は倭の大王にも百済の王にも臣従し、更に新羅の王にも従っていたのだろう。錯綜する東アジア情勢のなかで、多方面にパイプをもつ彼は、それだけ重宝された人物だったとも言える。

半島の冠・倭の冠

右はたまたま『日本書紀』に残された一例であって、海外に渡った倭人の首長のなかには、他にもこのような人が多くいたに違いない。

その中には長期にわたって滞在する者もいれば、大和政権の使者として派遣され、使命を果たすとすぐ倭国に帰った者もいたろうし、大王の命令で外征のため渡海した者もいたであろう。また政権の命令ではなく、自らの意志で渡海した者もいたに違いない。このうち日本列島に帰国した者たちは、持ち帰った舶来の財宝を誇らしく示したことだろう。

確認しておきたいのは、五世紀中ころまでの倭では大王が政治的地位の象徴として冠を豪族に与えることはまだなかったということだ。「佐魯麻都」のように、朝鮮半島に渡って現地の王から冠を授与された豪族たちが自ら倭に持ち帰ったり、冠を作る工人を連れ帰って作らせただけであった。それが五世紀後半ころまでの狭帯式や額飾式の舶載品の冠の段階であった。

問題の広帯二山式冠とよばれる形式は、ルーツは半島にあるのかもしれないが、事実上日本独自のデザインといわれる。帯の部分が広く、前面になだらかな二つの山をもつ。三山や四山の形式は朝鮮半島にもあるが、二山の形式は海外にはほとんどない。分布の中心は畿内にあり、六世紀前半に全盛期を迎えるが、後半になると衰退するといった消長もうかがえる。

確認されている最古の広帯二山式冠は、現在東京国立博物館に所蔵される熊本県江田船《えたふな》山《やま》古墳出土のもの（一〇二ページ図）で、これについては高松雅文氏などから舶載品の可能性が指摘されている。上林史郎氏はこの冠について、「五世紀後葉段階の日本の金属工芸技術では製作できない」とし、「朝鮮半島南部から舶載された」と考える。そして「舶載された江田船山古墳の広帯二山式冠をモデルにして、三昧塚《さんまいづか》や鴨稲荷山古墳の広帯二山式冠が畿内およびその周辺で製作されたのであろう。さらにいえば、筆者は日本で出土しているすべての広帯二山式冠と飾履は、江田船山古墳に通じるものと考えている」という。

鴨稲荷山古墳出土の広帯二山式冠（復製）
（高島歴史民俗資料館提供）

森下章司氏は「国内で作られたものかどうかという点については判断できない」とし、「半島からの新たな技術の導入、おそらくは技術者そのものの移入によってこうした製品の製作が始まったことは間違いない」という。

高橋克壽氏も最近、「帽はともかく、冠と履については、江田船山古墳例を祖形に六世紀前半の鴨稲荷山古墳例以後、この型式が国内での主流となる歴史的流れが確認できる」と述べる。

舶載品であるかどうかに見解の違いはあっても、

江田船山古墳の広帯二山式冠が、国内で発見されたこの種の冠の最古の品で、祖形になっているという点では、諸家がおおよそ一致しているのである。あるいは森下氏が示唆しているように、朝鮮半島南部から倭国に来た工人に新しいデザインで作らせた可能性もあるだろう。そうだとすれば、作らせたのはやはり当時の大和政権ということになる。

継体の勢力圏との関係

江田船山古墳の冠を祖形として作られた、最も初期の広帯二山式冠は、福井県十善《じゅうぜん》の森古墳、佐賀県関行丸古墳などのものである。時期は五世紀末から六世紀初頭、継体が即位する前後のころである。その次に高島市の鴨稲荷山古墳のものが来る。これら初期の国産品は、先にも述べたようにいずれも江田船山古墳のものを祖形にこれに種々のオリジナリティを加えて作られたものであろう。高松氏は、その分布が継体の勢力圏と一致していることを指摘した。

広帯二山式冠が出土した主な古墳を年代順に列挙すると、

1　三昧塚古墳（茨城県行方市）・関行丸《せききょうまる》古墳（佐賀県佐賀市）・江田船山古墳（熊本県和水町）…TK23〜TK47（以下TK、MTは須恵器の編年）

2　**峯ヶ塚《みねがづか》古墳**（大阪府羽曳野市）・**十善の森古墳**（福井県若狭町）…TK47〜MT15

3　**井田川茶臼山古墳**（三重県亀山市）・**円山《まるやま》古墳**（滋賀県野洲市）・南塚《みなみづか》古墳（大阪府茨木市）・額田部《ぬかたべ》狐塚《きつねづか》古墳（奈良県大和郡山市）・ゲンゲ谷古墳（大阪府寝屋川市）…MT15〜TK10

4　**鴨稲荷山古墳**（滋賀県高島市）・山津照神社古墳（滋賀県米原市）・**天塚《あまづか》古墳**（京都府京都市）・**物集女車塚《もずめくるまづか》古墳**（京都府向日市）・西山6号墳（兵庫県三田市）・長尾タイ山1号墳（兵庫県たつの市）・長者ヶ平《ちょうじゃがだいら》古墳（鳥取県米子市）・東宮山《とうぐうさん》古墳（愛媛県川之江市）・島田塚《しまだづか》古墳（佐賀県唐津市）…TK10

1は五世紀末ころ、すなわち継体出現以前の雄略〜仁賢朝ころ、2は西暦五〇〇年前後の継体即位前夜、3は六世紀第一四半期、すなわち継体朝の前期（大和盆地定着以前）、4は六世紀第二四半期、継体朝の後期から終末直後（大和盆地定着後から安閑・宣化朝ころ）としておきたい。

時期的に継体天皇と同時代といえるのは、3、4である。このうち鴨稲荷山古墳と山津照神社古墳は、先に見たように継体の出身地といえる近江国高島郡と坂田郡の古墳である。物集女車塚古墳は山背国《やましろ》乙訓郡《おとくに》に位置し、これは継体の宮、「弟国宮」の所在地でもある。

茨木市にある南塚古墳は、今城塚古墳とも至近の地にある。

このように広帯二山式冠を出土した古墳は、継体の出身地である琵琶湖から淀川流域にわたって分布している。これらを根拠に、高松氏はこの冠を継体の威信財であったと推定した。継体が自らの支援者らに配った特別な品だと考えるのである。

捩じり環頭大刀

高松氏は、捩じり環頭大刀も同種の性質を持つと考えている。この刀の特徴は、刀の柄のところに縄を捩じったような形状をしている丸い環のような部分（環頭部）が付いていることである。

列島内で最初にこの種の大刀がみえるのは、峯ヶ塚古墳（大阪府羽曳野市）・十善の森古墳（福井県若狭町）・古海原前《こかいはらまえ》1号墳（群馬県大泉町）とされる。高松氏によると、朝鮮半島でも同種の大刀が発見されている（全羅南道咸平新徳《しんとく》古墳）が、この古墳は栄山江流域に造られた前方後円墳の一つである。倭人によって造営された可能性が考えられる古墳だ。捩じり環頭大刀は、列島内、おそらく畿内で考案され、造られた大刀とみていいだろう。

これが出土した分布を示そう。

1. **峯ヶ塚古墳**（大阪府羽曳野市）・**十善の森古墳**（福井県若狭町）・古海原前1号墳（群馬県大泉町）…TK47～MT15

2. 簗瀬《やなせ》二子塚古墳（群馬県安中市）・前二子古墳（群馬県前橋市）・芝山古墳（大阪府東大阪市）・新沢千塚《にいざわせんづか》262号墳（奈良県橿原市）…MT15

3. 団子塚《だんごづか》古墳（静岡県袋井市）・虎渓山《こけいざん》1号墳（岐阜県多治見市）・**井田川茶臼山古墳**（三重県亀山市）・**円山古墳**（滋賀県野洲市）・寿命《じゅみょう》（桂川《けいせん》）王塚《おうつか》古墳（福岡県桂川町）…MT15～TK10

4. 船来山《はくらいさん》0支群272号墳（岐阜県本巣市）・保子里車塚《ほこりくるまづか》古墳（三重県鈴鹿市）・大谷古墳（福井県若狭町）・神奈備山《かんなびやま》古墳（福井県あわら市）・**鴨稲荷山古墳**（滋賀県高島市）・**物集女車塚古墳**（京都府向日市）・**天塚古墳**（京都府京都市）・青松塚《せいしょうづか》古墳（大阪府茨木市）・海北塚《かいほうづか》古墳（大阪府茨木市）・珠城山《たまきやま》3号墳（奈良県桜井市）・勝福寺古墳（兵庫県川西市）・南所3号墳（兵庫県神戸市）・箕田《みだ》丸山古墳（福岡県みやこ町）…TK10

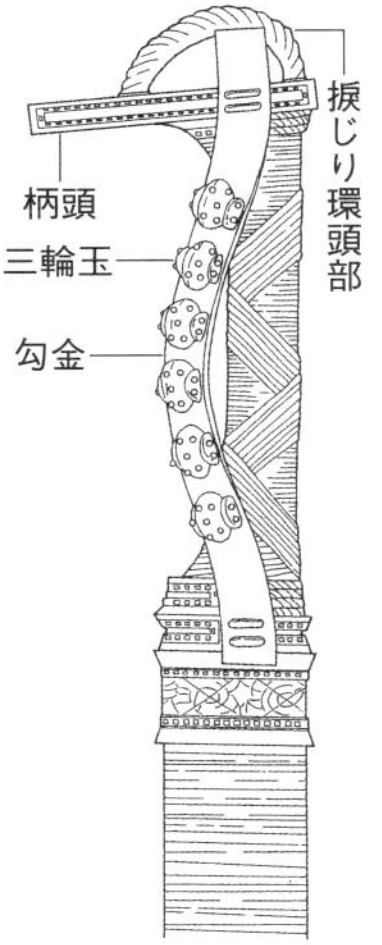

捩じり環頭大刀

広帯二山式冠の分布（5世紀後半〜6世紀前半）

捩じり環頭大刀の分布（5世紀後半〜6世紀前半）

広帯二山式冠と両方に名がみえる古墳は太字にした。どちらにも鴨稲荷山古墳がみえることは注目されよう。琵琶湖から淀川流域に分布することも、広帯二山式冠と共通する。高松氏は、捩じり環頭大刀もまた継体の威信財としてその支持者に配布されたと考えている。

最初に冠と大刀を与えた大王

ただ広帯二山式冠にせよ、捩じり環頭大刀にせよ、最も初期の国産品を副葬する峯ヶ塚古墳や十善の森古墳が造られたのは、西暦五〇〇年前後のことで、継体が即位する直前のことである。しかもこれらの古墳の被葬者が、生前に広帯二山式冠や捩じり環頭大刀を時の大王から与えられたのち、亡くなって古墳に埋葬されるまでの期間を十年〜二十年くらいは見積もっておく必要があるだろう。

そうなると、峯ヶ塚古墳や十善の森古墳の被葬者に冠や大刀を与えたのは、継体ではなかった可能性が高い。むしろ四七〇〜八〇年代ころまで在位した雄略であると見たほうがいいだろう。確かに最初期の広帯二山式冠や捩じり環頭大刀の分布は、畿内中心部の河内や群馬県、茨城県など、必ずしも継体の勢力圏と関わるとは言えない地域も多い。

これらからすると、大王として初めて冠を威信財として導入し、広帯二山式冠の国内生産を進めたのは、継体ではなく雄略であった可能性が高いだろう。彼は舶載品か、あるいは朝鮮半島から招いた工人に作らせた広帯二山式冠を江田船山古墳の被葬者に与えるとともに、これを模した国産品を作らせ、三昧塚古墳や関行丸古墳、峯ヶ塚古墳、十善の森古墳などの被葬者に与えたものとみられる。

では、雄略はどういった人々にこの冠を授けたのだろうか。三昧塚古墳は茨城県、関行丸古墳は佐賀県、峯ヶ塚古墳は河内の古市古墳群、十善の森古墳は若狭と、地域はさまざまである。ただこれらの古墳からは国産とみられる広帯二山式冠のほかに、舶載品とみられる装身具や刀が多く出土している点で共通性がある。

たとえば江田船山古墳では大伽耶や百済製とみられる狭帯式冠や帽、半筒型金具や履。関行丸古墳では百済製とみられる金銅製半筒型金具、峯ヶ塚古墳では帽。十善の森古墳では帽、変形剣菱杏、花弁型杏葉など。これらは大伽耶か百済で作られた、いずれも国際色豊かな威信財である。古墳の被葬者自身が渡海して入手したものか、あるいは半島から来た渡来人から二次的に入手したかのどちらかであろう。

しかもこれらの古墳には、先に挙げた栄山江流域の前方後円墳の石室や遺物との間に相関関係がみられるものがある。たとえば関行丸古墳は石室が栄山江流域の造山古墳と類似し、またこの古墳から発掘されたのと同じ繁根木《はねき》型のゴホウラ製貝釧《かいくしろ》が発見されている。また周辺からは栄山江流域産の壺が発見されているという。

朴天秀氏はこうした相関関係から、栄山江流域の前方後円墳の被葬者の出身地を割り出した。それは次の五カ所——豊前北部（番塚《ばんづか》古墳）・肥前の佐賀平野（関行丸古墳）・筑後の遠賀川流域（桂川〈寿命〉王塚古墳）・筑前の早良平野（梅林古墳）・肥後の菊池川流域（江田船山古墳）——である。

このうち、江田船山古墳と関行丸古墳からは広帯二山式冠が出土し、寿命王塚古墳からは捩じり環頭大刀が出土している。また唐津市にある島田塚古墳（広帯二山式冠出土）は関行丸古墳に比較的近く、福岡県みやこ町にある箕田丸山古墳（捩じり環頭大刀出土）は寿命王塚古墳に近い（一七八ページ地図参照）。

そして広帯二山式冠と捩じり環頭大刀を出土した若狭の十善の森古墳は、北部九州の横穴式石室と類似し、なかでも豊前北部の番塚古墳と最も類似点の多いことが指摘されている。若狭の首長については終章で詳述するが、彼らは九州経由で半島に進出していたものとみられる。

国際派の首長たち

群馬県の古海原前1号墳や簗瀬二子塚古墳・前二子古墳などでも捩じり環頭大刀が発見されているが、これらは文献にみえる関東地方最大の豪族、上毛野《かみつけの》氏の領域と重なる。注目したいのは、この氏族には古くから海外へ渡った人物の伝承が多く伝えられていることだ。『日本書紀』神功《じんぐう》皇后紀四十九年条に上毛野君《かみつけののきみ》の祖の「荒田別《あらたわけ》」が「将軍」として伽耶の卓淳《とくじゅん》に外征したとの伝承、また応神十五年条に百済へ遣され、わが国に学問を伝えた「王仁博士《わにはかせ》」の来日に貢献したとの伝承もある。

半島から遠く離れた関東地方の豪族が、本当に渡海したのかと疑問に思うひともあるかもしれない。しかし『日本書紀』継体天皇十年条や欽明五年二月条などに「斯那奴阿比《しなのあひ》多《た》」や「斯那奴次酒《しなのししゅ》」といった人名がみえる。これらは百済の官位を受けた倭人であって、「斯那奴」は信濃であろう。信濃は早くから馬が飼われたところで、渡来人の居住が推測されている。関東地方の豪族が海外に渡った証拠といえるだろう。

これら考古学の成果と文献とから判断すれば、継体朝以前の段階において広帯二山式冠や捩じり環頭大刀を与えられたのは、概して海外に渡ったことのある首長であるといえるだろう。

すでに上林史郎氏は、広帯二山式冠の分布が「畿内とその周辺」にあるところからこれは「各地の首長たちが独自に入手したというよりも、彼らが倭政権の指示のもと戦功をあげたり、外国との交渉などの功績に対する『恩賞』として、一元的に下賜されたものではなかろうか」と推測している。私もこれに賛成で、江田船山古墳や十善の森古墳、三昧塚古墳、関行丸古墳などの被葬者は半島に渡って、そこで活躍した人々であり、そうした人々に対して雄略は、恩賞の意味でこの冠や大刀を下賜したのだろうと考えるのである。

雄略がこうした海外から帰朝した人物を特に優遇した事実は、文献からもうかがえる。『日本書紀』雄略二年条には、しばしば独裁的・独善的だった雄略が最も信頼していたのは、渡来人の身狭村主青《むさのすぐりあお》・檜隈民使博徳《ひのくまのたみのつかいはかとこ》だったと記す。

天皇、心を以って師《し》としたまふ。誤りて人を殺したまふこと衆《おお》し。天下、誹謗《そし》りて言《もう》さく、「大《はなは》だ悪《あ》しくまします天皇なり。」と言す。唯、愛寵する所は史部《ふみひとべ》身狭村主青・檜隈民使博徳らのみ。

（天皇は、ご自分の判断を正しいとされたため、誤って人を殺すことが多かった。天下の人々は誹謗して、「大悪の天皇である。」と言った。ただ寵愛されたのは史部の身狭村主青・檜隈民使博徳らだけである）

しかもこの二人は、雄略八年二月と十二年四月に二度「呉《くれ》国」に使者として派遣されている。彼らのような海外にパイプのある、いわば国際派の首長たちを味方に引き付けておくねらいから、雄略は国産の冠を作り、これを彼らに与えたのだろう。それは高句麗や百済や新羅と対抗する意味からも必要であったろうし、国内の主導権を把握するうえでも必要だったと思われる。

吉備氏と紀氏は例外

広帯二山式冠と捩じり環頭大刀を配布された首長が、海外に渡りそこで実績を積んで帰国した者たちだとすると、当然それに当てはまるであろう豪族がいる。紀《き》氏と吉備《きび》氏だ。船の部材となる木材を調達し、これを作り上げ、実際に瀬戸内海に乗り出し航海に出ていくうえで、この二氏の役割は大きいものがあった。外征氏族の代表的な存在だ。にもかかわらず、紀氏や吉備氏を葬ったとされる紀伊国と吉備国の古墳からは、広帯二山式冠も捩じり環頭大刀も出土していない。

これはどうしてだろうか。古墳は盗掘されることが多く、たまたま副葬品が現存しないだけなのか。その可能性もあるが、吉備と紀伊に広帯二山式冠も捩じり環頭大刀も皆無であるという現状は、やはり偶然とは思えない。両氏には中央に対し反抗的な態度を示した前例があることに留意したい。

吉備氏は、雄略が崩じた直後に自らの血を受け継ぐ星川《ほしかわ》皇子の擁立をめざして、四十艘の船を出航させようとしたが、クーデターは失敗に終わり、皇子が殺害されたと聞いて撤退した。雄略の生前にも、謀叛を企て失敗し、討伐されたという伝承が『日本書紀』にある。

紀氏は、紀大《きのお》磐宿禰《いわのすくね》（紀生磐宿禰）が「顕宗《けんぞう》紀」三年是歳条に

是歳《このとし》、紀生磐宿禰、任那に跨拠《こえよ》りて、高麗《こま》に交通《かよ》ふ。西に三韓に王たらんとし、宮府を整脩《せいしゅう》し、自《みずか》ら神聖《しんせい》と称す。

（是の歳、紀生磐宿禰が任那を越えて高麗と通交した。西方に出て三韓〈高句麗・百済・新羅〉の王になろうとし、宮府を整え、自らを神聖と名乗った）

とある。大王の手を離れて独走し、自らが半島に覇を唱える挙に出た。中央からみれば決して容認できる行為ではない。

雄略もその後に現われた継体も、広帯二山式冠と捩じり環頭大刀を吉備氏と紀氏にはあえて与えなかったのであろう。倭国と百済や伽耶との窓口として、これまで権勢をふるってきた彼らではなく、江田船山古墳や十善の森古墳、関行丸古墳といった九州、中でも有明海沿岸勢力や若狭の勢力を選択したのだ。

政治的地位の象徴として

国産初の冠である広帯二山式冠と捩じり環頭大刀を作らせ、威信財として配布したのは雄略だったとすると、継体はその政治手法を引き継いだことになる。ただ継体が雄略と違うのは、半島から帰国した首長だけでなく、自分を支持してくれる琵琶湖から淀川流域にかけての首長や秦氏系の渡来人にも与えたことだ。

たとえば鴨稲荷山古墳、山津照神社古墳、円山古墳、南塚古墳などは、継体とゆかりの深い地域の古墳であり、自らの身内や側近にこの冠を与えたことを示していよう。

もうひとつの渡来系、なかでも秦氏一族の例としては、京都市右京区の天塚古墳、向日市の物集女車塚古墳、大阪府寝屋川市のゲンゲ谷古墳、東大阪市の芝山古墳があげられる。

また継体は、以前と変わらず海外から帰国した首長たちにも引き続き、広帯二山式冠を配布し続けていたようだ。奈良県大和郡山市の額田部狐塚古墳、鳥取県米子市の長者ヶ平古墳、愛媛県川之江市の東宮山古墳などは、従来通りの海外帰国首長が広帯二山式冠を授けられている例であろう。額田部狐塚古墳は、外交に重要な役割を担った額田部連の本拠地に位置している。長者ヶ平古墳は付近に彩色壁画の破片が見つかったことで知られる白鳳期の寺院跡（上淀廃寺《かみよどはいじ》）や、弥生時代の大集落遺跡「妻木晩田《むきばんだ》遺跡」の見つかったところである。東宮山古墳のある伊予国には、その西部に越智直《おちのあたえ》の本拠があるが、『日本霊異記』上第十七には、この氏の人物が百済救援のため渡海した際の伝承が収められている。

もちろんこれら威信財（冠と大刀）を与えられた首長の中には、帰国首長でありかつ継体支持勢力でもあった者、また渡来人だった者など複数の特徴に当てはまる者が含まれている可能性も考慮すべきだろう。

ここで整理すると、雄略朝段階では半島で勲功をあげ帰国した首長たちに対してのみ配布されていた広帯二山式冠が、継体朝になって継体の身内や側近と、秦氏を中心とする渡来人にも与えられるようになるのである。その結果、広帯二山式冠を保有する首長は大きく増加し、一躍この冠が国内における政治的地位の象徴として評価されることになったとみられる。

では、広帯二山式冠を与えられた首長と捩じり環頭大刀を与えられた首長とには、何か違いがあるのだろうか。

高松氏は、広帯二山式冠と捩じり環頭大刀の発見された古墳を比較して、「出土古墳の階層的位置に関しては、広帯二山式冠のほうがやや高い可能性もあるが、比較的似た傾向にあるといえるだろう」とし、広帯二山式冠のほうが捩じり環頭大刀より「畿内とその周

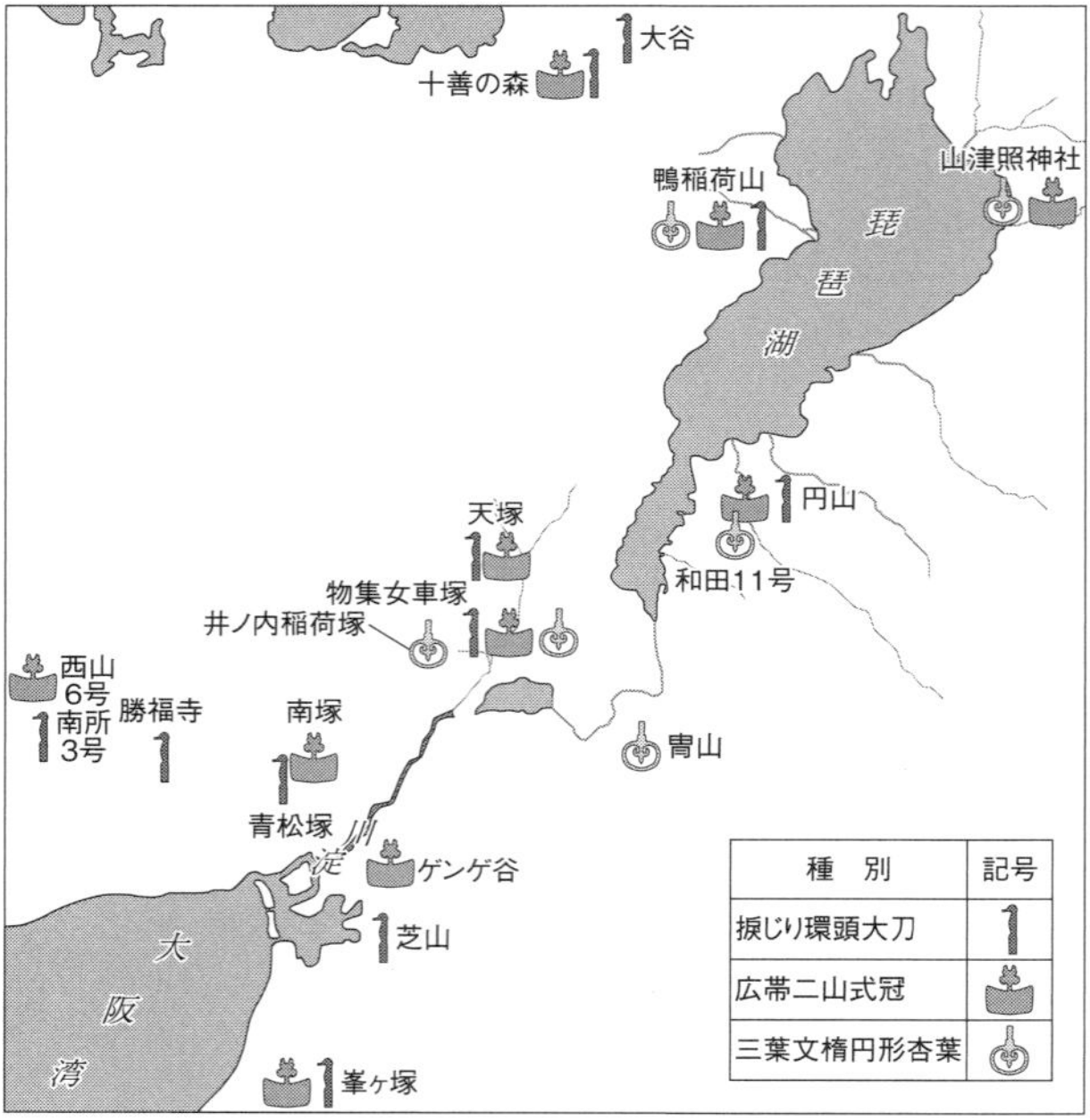

継体の威信財（森田克行『よみがえる大王墓 今城塚古墳』を参考に作成）

辺への偏りが著しいこと」、および「六世紀後半に例数を著しく減少させること」の二点を挙げている。

私が指摘したいのは、広帯二山式冠を出土した古墳の近辺には多くの場合、捩じり環頭大刀を出土した古墳が存在し、しかもその場合、広帯二山式冠を出土した古墳のほうが先に造られ、捩じり環頭大刀を出土した古墳の造営はこれよりやや遅れることである。具体例を挙げよう。

三重県亀山市の井田川茶臼山古墳（広帯・捩じり）と鈴鹿市保子里車塚《ほこりくるまづか》古墳（捩じり）

大阪府茨木市の南塚古墳（広帯）と同市の青松塚古墳・海北塚古墳（捩じり）

福井県若狭町の十善の森古墳（広帯・捩じり）と同町の大谷古墳（捩じり）

兵庫県三田市の西山6号墳（広帯）と神戸市の南所3号墳（捩じり）

この四例である。

いずれも先に広帯二山式冠を与えられ、ほぼ同時期かやや遅れて捩じり環頭大刀が追加されたかのように与えられている。また南塚古墳と青松塚古墳・海北塚古墳、十善の森古墳と大谷古墳、西山6号墳と南所3号墳の三例では、先に挙げた広帯二山式冠を出土した古墳のほうが後に挙げた捩じり環頭大刀を出土した古墳よりやや規模が大きい。こうしたことからすると、大和政権は先に広帯二山式冠を与え、これに次ぐ実力を持つ近傍の有力者には、あとから捩じり環頭大刀を与えたものとみられるのである。

三葉文楕円形杏葉

広帯二山式冠と捩じり環頭大刀に加えて、近年もうひとつ継体の威信財として注目され

三葉文楕円形杏葉

ている遺物を紹介しよう。それは三葉文楕円形杏葉《さんようもんだえんけいぎようよう》とよばれる金銅製の馬具である。

馬の腰の辺りを飾るこの馬具は、下向きの三葉文が特徴だが、六世紀初頭から中葉に十字文楕円形鏡板付轡《じゅうじもんだえんけいかがみいたつきくつわ》とセットで輸入されたという。日本では高島市の鴨稲荷山古墳のものが源流となって、その後、これを模倣した作品が作られる。この種のものが、山津照神社古墳、滋賀県栗東市の和田11号墳、物集女車塚古墳、京都府長岡京市の井ノ内稲荷塚古墳、京都府城陽市の冑山《かぶとやま》古墳群、高槻市の梶原古墳群、尼崎市の園田大塚山古墳、伊勢の井田川茶臼山古墳と保子里車塚古墳でも見つかっている。これも琵琶湖から淀川流域にかけて六世紀前半ごろに分布しており、継体の威信財として機能したのではないか、と考えられている。

明治三十五年の鴨稲荷山古墳発掘

本章では継体の威信財について論じてきたけれども、ここまで読んできた人は、あらためて鴨稲荷山古墳の重要性に気付かれたことであろう。この古墳は、継体朝と同時代に、継体の生まれた近江国高島郡に営まれたというだけでなく、先述した継体の威信財――広帯二山式冠・捩じり環頭大刀・三葉文楕円形杏葉——を、三つとも備えている。継体の威信財戦略にとってきわめて重要な古墳であったと言って過言ではない。

この古墳は明治三十五年に最初の発掘が行なわれ、主要な発掘品は大正元年に東京帝室博物館へ提出された。その後、大正十一年になって京都帝国大学の梅原末治を長とする発掘調査が行なわれ、その成果が翌年に京都帝国大学文学部考古学研究報告『近江国高島郡水尾《みずお》村の古墳』として発表された。このときの発掘は、学術的な古墳の発掘調査のなかでも早期のものに属し、報告書も充実した内容で、考古学史上の古典として高く評価されている。

同書は、発掘以前のこの古墳とその周囲の状況をこのように描写している。

さてこの稲荷山古墳は古くから宿鴨《しゆくがも》村落の共有地で、もとは更に広潤な兆域を有していたものと伝えられている。しかるに周囲を開墾して田圃としたため、漸次小さくなったが、明治時代にはなお直径十数間、高さ十七八尺の稍《やや》大なる饅頭形の封土を存し、雑木が繁茂しておって、土地での一目標をなしていたとのことである。ところが、何時のころよりか、この封土の南方の一隅に大きな石の一部が露出して、その下に空隙

大正12年当時の鴨稲荷山古墳
(『近江国高島郡水尾村の古墳』京都帝国大学文学部考古学研究報告より)

を生じ、一時狐狸《こり》の棲家《すみか》と化し、村民に災いをなした。そこでいっそのこと、村々の桑園に開いてしまおうか、という議が生じ、その後も再三くりかえされたが、他方にこの古墳の地は古く「天王」と呼び、また神輿を埋めたところであるとの伝説があったため、神の祟りを懸念して自ら開墾に手を下す人がなく、封土はそのままに残ることとなった。

この古墳は幸いなことに築造以来約千五百年、未盗掘だった。明治三十五年、塚の前を走る街道の改築工事に当たり、「土砂の必要から工事請負人某が、代償金を村に納める条件で、この稲荷山古墳の封土を採掘したいと申し出た」。村ではこれを了承したが、上述の伝承もあるので始終注意を払って工事を見守っていた。すると、「同年八月九日、下から石棺が現れて、豪《えら》い人の墳墓であることが分かり、大騒ぎとなった」。翌日、高島郡長、警察分署長ら立会いのもと、石棺の蓋が開かれた。当時、同村の友岡親太郎が、主として調査を行い、石棺内の見取り図も描いている（次ページ参照）。そこには、遺体の両脇に二本の大刀、身体を横切るように斜めにもう一本の剣が置かれ、頭部には「冠様のもの」「珠玉」、足には沓が置かれていた。

同年十一月には「宮内省諸陵寮」による調査が行われ、主要な発掘品は東京に送致された。数年後、発掘品は村へ返還されたが、大正元年十月になって、東京帝室博物館から出土品の主要なるものを提出するようにとの指令が来た。現在、金製耳飾や金銅製沓、三輪玉形飾具、水晶製切子玉、金銅製環頭鉄大刀、銅鈴などが、東京国立博物館に保管されているのは、こうした経緯からである。

京都帝国大学による発掘

二度目の調査は、大正十一年七月、京都帝国大学の梅原末治が中村直勝と共に、「村民

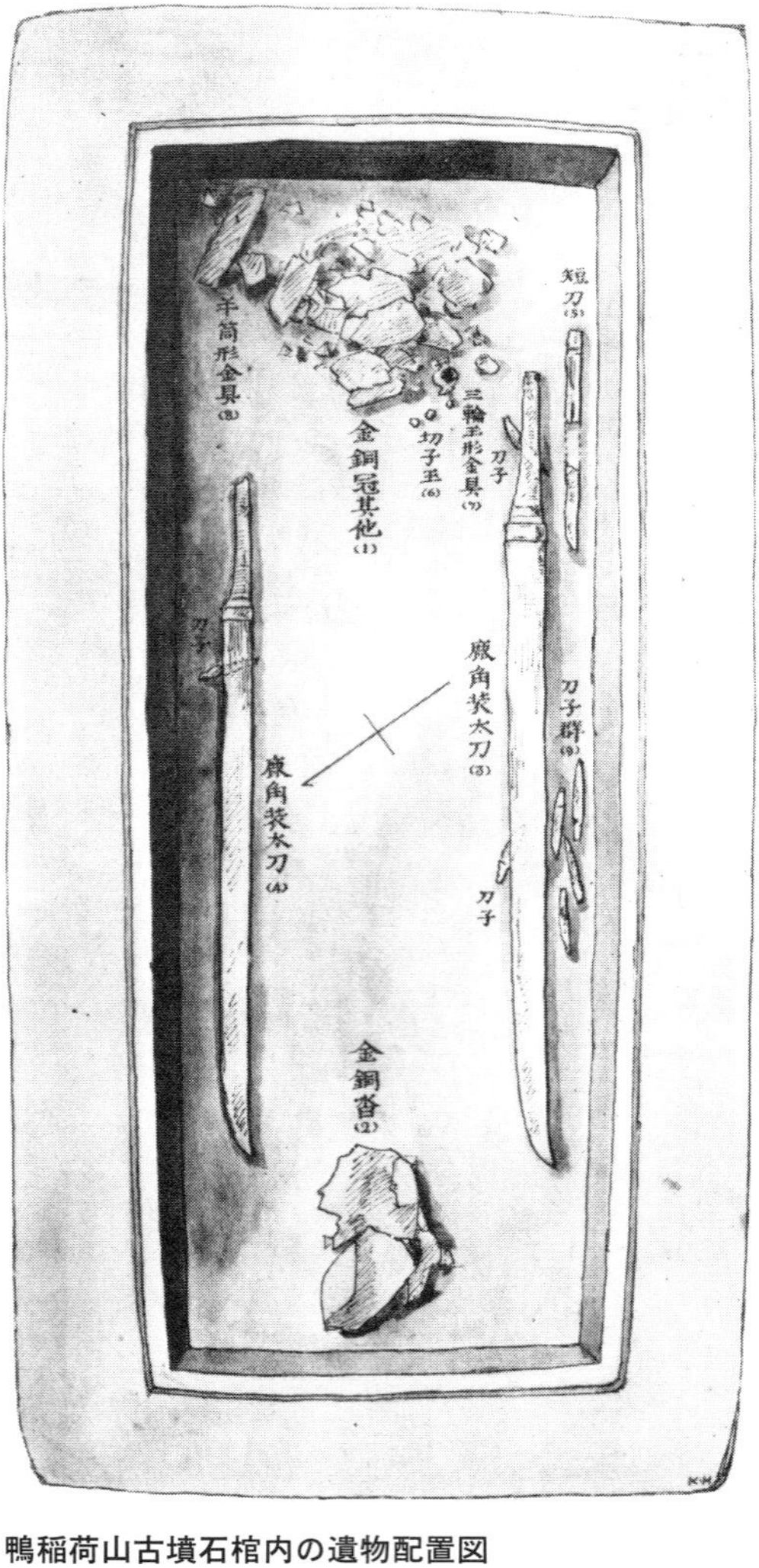

鴨稲荷山古墳石棺内の遺物配置図

(『近江国高島郡水尾村の古墳』京都帝国大学文学部考古学研究報告より)

鴨稲荷山古墳と家形石棺（高島歴史民俗資料館提供）

の助力を得て、埋没した石棺の構造と、その内部における遺物残留の状態を調査」したのに始まる。問題の金銅製冠の保存状況について報告書にはこうある。

全く破砕して石棺の一端に近く遺存しておったが、幸いに破片は大部分残っていたので、苦心を重ねてこれを接合し、ほぼ原形を髣髴することができるようになった。（中略）冠帯は長さ凡そ一尺八寸、幅三寸内外で、金銅の薄板二枚を中央において、鋲《びょう》留めにしたもので、裏面は布を以って張り、縁には更に綾絹を二三重に重ねて縁取りをしてある。

この冠の裏面に「織物、布の顕著な付着」が認められ、そうした「裏張り」が施されてあったことについては、近年、森下章司氏が改めて明らかにしている。そこから同氏は、「広帯二山式冠の原型として織物製冠があった」と考え、「金銅製冠と平行して同様の形状をもった織物製冠も使用されていた」とした。現在、滋賀県立安土城考古博物館にある復元された冠は、その通り内側に織物が張られている。

遺骨の状態については報告書に以下のように記されている。

遺骨は棺内の遺物を整理している際、金銅飾具などの破片の内から、上顎骨と歯牙大腿骨の一小部分が出ただけで、全体の骨格などは、全くその姿をとどめていなかった。また、これら遺骨もほとんど破壊粉砕の状態であって、ただわずかに医学博士清野健次君の言によって、その歯牙（犬歯大小臼歯）は、熟年の齢に達したものであることを知ることができた。

とある。性別については「武器などの副葬品の豊富である点から固《もと》より男子と推測することが出来る」とする。

報告書は、この古墳の金銅製の冠や装身具、馬具などが、朝鮮半島の影響の強いものであり、これがたとえ「日本で製作せられたにしても、それは帰化韓人の手によったものであり、その全部あるいは一部が彼の地から舶載したものとしても、何らの異論はない」と認める。

この被葬者がどういう人物であったかについては慎重に言葉を選び、「此の被葬者が三韓の帰化人若しくは其の子孫と縁故があったろうと云ふ人があるかも知れない。併《しか》しそれには何の証拠もない」と述べて、渡来人説には慎重である。このあたりは時代の制約もあるのかもしれない。ただ「当時において格越した外国文化の保持者であり、外国技術の趣味の愛好者であった」ことを認めるのみである。

鴨稲荷山古墳の被葬者は？

この報告書の刊行から九十年を経て、今改めてこの古墳の被葬者について考えてみたい。これまではこの地域一帯を治め、継体の母、および継体の后妃を輩出してきた外戚三尾《みお》氏の族長をこれに当てる見方が多かったように思う。私自身そう考えてきた。しかし近年になって、果たしてそれでいいのか、私の考えにいくらか変化が生じてきた。

もちろんこの高島郡にゆかりの深い有力者の墓であることは言うまでもない。しかしここまで見てきたようなこの古墳の副葬品――とくに金銅製の冠と大刀、沓、馬具の類――は、終始高島の在地豪族であった三尾氏の墓にしては、いささか豪華すぎるのではないか。三尾氏はたしかに継体にとっては母親の出身氏族であり、最初の后妃の出身氏族でもあった。しかし中央に進出して顕著な活躍をした形跡はなく、終始この地方の在地豪族としての性格を変えることはなかった氏族である。

高橋克壽氏は、この古墳が高島という地方に在りながら、畿内的な特徴も持っていることを指摘する。具体的には、大和と河内の境にある二上山《にじょうざん》の白石を使った畿内の家型石棺が採用されていること、畿内型の円筒埴輪を中心とした埴輪が導入されていることなどである。そこから氏は、この古墳の被葬者が「畿内の王権と、より直接的な関係にあった」ことを推測し、「鴨稲荷山古墳の被葬者像は、在地勢力としての評価だけではとらえられない」という。やはり単なる地方豪族とはいえない可能性があるのだ。

森下章司氏は、この古墳に埋葬された冠・美豆良《みずら》金具《かなぐ》・沓の三種の装身具はセットで作られたものであり、被葬者の葬儀に当たって特別に作られたものと思われるという。このことからしても、この古墳の被葬者は王権から破格の扱いを受けた人物だった。具体的には、三尾氏と深い関わりを持ちながらも三尾氏そのものではなく、中央でもかなり高い地位にあった人物ではなかったか。

私は、たとえば三尾氏出身の若比売《わかひめ》を母に持つ継体の長子大郎子《おおいらつこ》皇子を考えてみたい。母が三尾氏の女性であれば、その実家のある高島に埋葬される可能性は極めて高いであろう。一部に鴨稲荷山古墳の年代は今城塚古墳よりやや新しいという見解があるが、このことも継体より一世代若い大郎子の墓である可能性を示唆しよう。子どもと言っても大郎子皇子は継体の長男とみられるから、年齢差は二十数年くらいしか違わないはずだ。

また辻川哲朗氏によれば、この古墳から出土した埴輪は尾張型でも大和南部・紀伊型でもなく、当時の畿内で作られていた一般的な埴輪だという。そこから氏は、今城塚古墳と同じ新池埴輪窯で焼かれた可能性に言及しているが、もしその通りであれば、この古墳が継体の皇子の墓である可能性は更に高まるだろう。

第五章　継体天皇と渡来人

高島と若狭の秦氏

第二章で、私は継体の生まれ故郷の近江国高島郡の南市東《みなみいちひがし》遺跡・下五反田《しもごたんだ》遺跡に、渡来人の生活の跡が見出されることについて述べた。かつての三尾郷一帯に広がるこの集落遺跡は、三尾氏の本拠地であり、そのなかに継体の父彦主人王の宮も含まれていたとみられる。そこに渡来人が住んでいたのであった。在来の倭人たちとうまく住み分けをしながら、彼らは生活を営んでいたのである。こうしたもともと国際的ともいえる環境の地で、継体は生まれた。幼少のころから、彼にとって渡来の文化は馴染み深いものだったろうし、同じ村邑に住む渡来の人々も身近な隣人だったに違いない。私たちは、彼に渡来人の幼なじみがいたところを想像してみてもいいだろう。

鴨稲荷山古墳のある鴨川の近辺には、奈良時代・平安時代の木簡が多く発見された永田遺跡がある。そこから、渡来人の名を記したものが出土している。

□田廣濱《ひろはま》　秦椋人酒公秦廣嶋《はたのくらひとさけのきみはたのひろしま》　□継

「秦椋人」、「秦廣嶋」は高島に住んでいた秦氏の人名であろう。
また鴨稲荷山古墳と至近距離にある鴨遺跡という奈良〜平安時代の遺跡では、

遠敷郡《おにゆうぐん》　遠敷郷　小丹里《おにゆうざと》　秦人足嶋《はたひとたるしま》　庸米《ようまい》六斗

と書かれた木簡も見つかっている。「遠敷郡　遠敷郷　小丹里」とは、若狭国遠敷郡遠敷郷、現在の福井県小浜《おばま》市のことである。高島からのちに鯖街道と呼ばれる西北へ進む山道を行くと、現在の小浜市、若狭へ出る。今も湖西線近江今津駅から小浜行バスが出ており、一時間で小浜へ到着する。この木簡は、そこから「庸米六斗」を運んだ、そのための荷札である。「庸米」とは租庸調のひとつで、若狭からこの米が税として高島へ、さらに都へ運ばれたのである。「秦人足嶋」とはこれを運んだ人の名前だ。この木簡は、彼が貢ぎ物の米を平城京へ運ぶ際に高島を経由したことを示している。

時代はややのちのものではあるが、こうした史料を参照すると、高島在住の渡来人は若狭から来た人々ではなかったかと思える。たしかに若狭には、多くの秦氏関係者がいた。

「若狭国貢進物付札木簡《こうしんぶつつけふだ》」と呼ばれる木簡には、遠敷郡に秦勝《すぐり》二名、秦曰佐《おさ》一名、秦人十五名、秦人部一名、三方郡に秦勝二名、秦曰佐一名の名が記されている。

現代まで続く田烏の秦一族

現在、小浜市の市街地から海岸沿いに国道を約一七キロ東へ行ったところに田烏《たがらす》という数十戸の集落がある。かつて若狭国田烏浦と呼ばれたこの漁村を開発したのが、秦という名の一族だった。鎌倉時代から刀禰《とね》（郷・村などを治める役人）の職を継承し、江戸時代には代々庄屋を務めた名族である。

現在まで続く当家には、鎌倉時代から始まる約二百数十点の中世文書、近世文書が残されていた。戦後、一九五三（昭和二十八）年から三年間にわたって京都大学国史研究室がこれらの古文書の学術調査を行い、現在それらは京都大学文学部博物館に所蔵され、一九八八（昭和六十三）年にはその写真版が公刊されている。

このうちの一つの文書によると、彼らの先祖は元々若狭国三方郷の耳西《みみにし》郷日向浦《ひるがうら》（現在の美浜町）に住んでいたのが、鎌倉時代初めに秦成重《なるしげ》・成里《なるさと》・則清《のりきよ》の三兄弟がここへ移住し、開発したのだと伝えられている。漁村であり、背後に山も控えるこの集落では、漁業・塩業とともに、山を開墾しての畑作や猪などの狩りも盛んであった。秦家は、平安時代から鎌倉・室町時代と、荘園領主などに対して、この浦の管理と海産物の徴収や貢納を主導して仕えてきた。若狭一帯の各地で秦氏一族はこのような役割を以って膨張してきたのだろう。

この集落から約二キロ東南へ行った福井県若狭町に、三生野《みしょうの》遺跡という古代の集落遺跡がある。五世紀前半頃の朝鮮系の土器（台付長頸壺《だいつきながくびつぼ》）を出土した遺跡で、ここに渡来人の居住したことが推定されている。考古学上も、若狭に渡来人がいたことが確認されているのである。

若狭最大の豪族・膳氏

この若狭における最大の豪族といえば、膳《かしわで》氏である。秦氏はおそらく膳氏の配下にあって様々な形で貢献していたのだろう。ここで若狭の膳氏について少し述べたい。

膳氏という豪族は、代々天皇の食材の調達・調理を役割として奉仕した。本拠は大和国平群《へぐり》郡だったが、若狭国の遠敷郡や三方郡は、塩や魚介類などを朝廷に多く納めた御食国《みけつくに》として有名で、特にこの豪族の重要な拠点であった。その伝承をまとめた『高橋氏文《うじぶみ》』には、以下のようにある。

和加佐《わかさ》乃国は、六雁命《むつかりのみこと》に永く子孫等《うみのこら》が遠き世の国家《くにいえ》とせよと定めて授け賜ひてき、此《こ》の事は世々にし誤まり違はじ。

（和加佐乃国は、景行天皇が六雁命に「永く子孫等が遠き世の領国とせよ」と定めて授けられた国である。この事は代々誤りなく伝えていかねばならない）

第十二代景行天皇が、膳氏の祖六雁命に対して、この若狭国を永く子孫の代に至るまで国家（領国）として授けると詔したというのである。

また平安時代初期に編纂されたと推定される『先代旧事本紀《せんだいくじほんぎ》』「国造本紀」には、

若狭国造。遠飛鳥朝《とおつあすかのみかど》の御代《みよ》、膳臣の祖佐《さ》白米《しらめ》命の児、荒礪《あらと》命を国造に定め賜ふ。

（若狭国造は、遠飛鳥朝の御代〈允恭朝〉に、膳臣の祖の佐白米命の児、荒礪命を国造に定め賜うたのが始まりである）

とあって、膳氏の祖の荒礪命が若狭国造（大和政権から若狭国の統治を任された地方官）

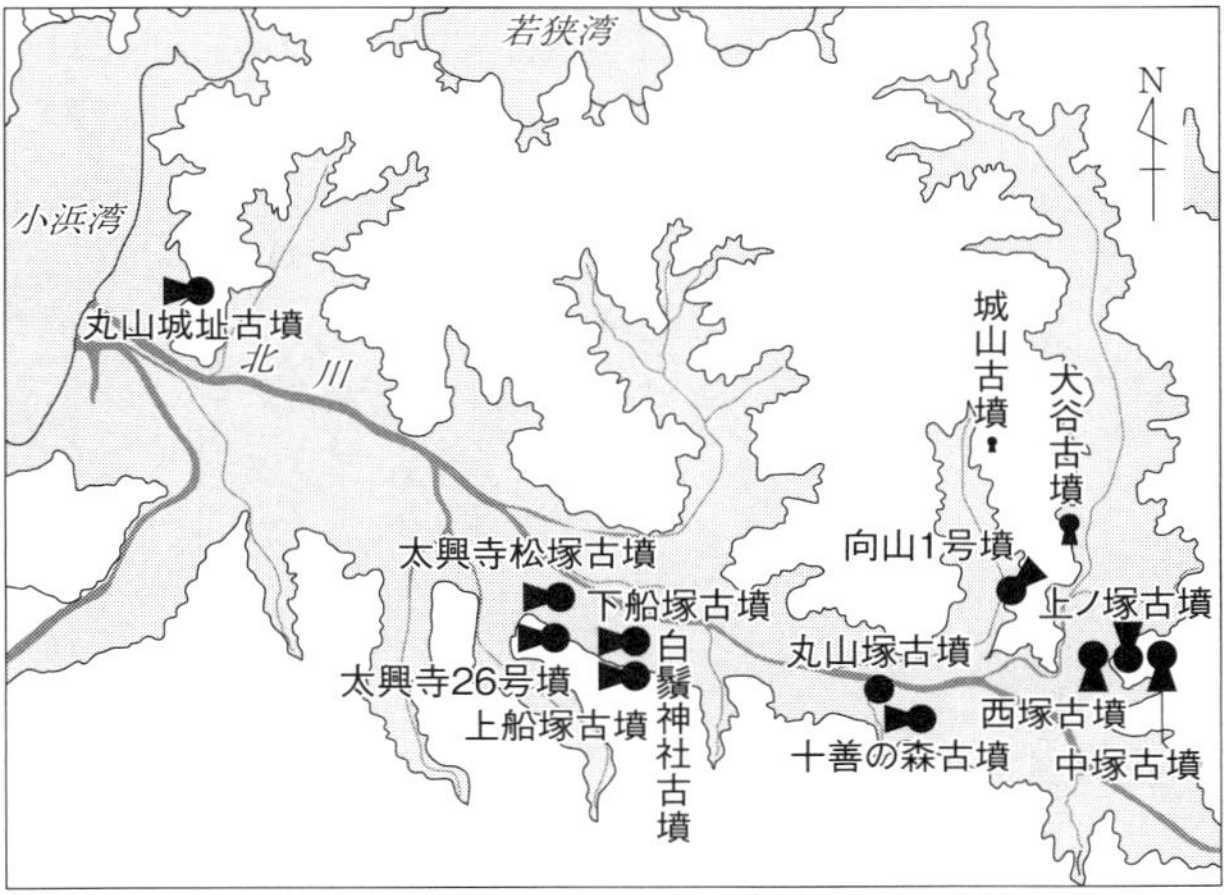

若狭の主要古墳

に任命されたという伝承を記している。

もともと若狭は、古墳時代前期までは古墳の希薄な地域で、決して目立つ所ではなかった。日本海側において最も大きな古墳を造り続けていたのはその西の丹後の勢力だった。これが四世紀末から五世紀初頭ころ、古墳時代中期の開幕とともに丹後の古墳が衰退し、これに代わって若狭で前方後円墳が出現する。

膳氏の対外活動

五世紀後半ころから六世紀中ころになると、この地域の首長の存在はさらに大きなものになった。五世紀後半ころに築かれた西塚古墳、広帯二山式冠と捩じり環頭大刀

広帯二山式冠と捩じり環頭大刀を出土した十善の森古墳

の両方を出土した十善の森古墳、捩じり環頭大刀を出土した大谷古墳などが現われる。これらの古墳に埋納された金銅製の豪華な装身具や冠、刀などは、大伽耶や百済などからの舶載品がある一方で、雄略や継体から与えられたとみられる国産品もある。

若狭の古墳のもうひとつの特徴は、これも先に述べたように九州有明海沿岸地方の古墳との類似性がみられることである。九州ではいち早く取り入れられていた横穴式石室が、本州で最初に導入されたのはこの地方の古墳であり、他にも石屋型とよばれる九州型の横穴式石室が、若狭地方には特徴的に発見されている。若狭と九州とくに有明、決して近くないところに住んでいた彼らだが、六世紀半ばまでの両者には明らかに連携があった。

中司照世氏は、これら若狭に営まれた古墳群の被葬者を膳氏一族に当てている。先に引用した『高橋氏文』、『先代旧事本紀』に加えて、脇袋《わきぶくろ》古墳群（西塚古墳、上《かみ》ノ塚《つか》古墳、中塚古墳）の背後にある山を、遅くとも江戸時代には膳部《ぜんぶ》山と呼んでいたこともその根拠のひとつである。

膳氏には外征に参加したという伝承が複数みられる。『日本書紀』雄略天皇八年二月条に、「膳臣斑鳩《いかるが》」という人物が見えるが、彼は「日本府行軍元帥《やまとのみこともちのいくさのきみ》」として「吉備臣小梨《おなし》」・「難波吉士赤目子《きしあかめこ》」とともに、新羅王の要請を受けて対高句麗の戦いに参戦している。記述からすれば、敵も恐れる勇将であったらしい。

中司氏は、西塚古墳を「膳臣斑鳩」の墓とする説を提示している。「大王家につながる系譜をもつ膳臣が、若狭の大首長として五世紀前後に初めて在地豪族化し、やがて六世紀後半には再び居を大和に移したのではないか」と推測している。

ただ若狭の膳臣がこの氏の本流と言えるのかどうかには、慎重な考察が必要になるだろう。この氏は第八代孝元天皇の皇子大彦命の後裔を称しているが、孝元天皇の実在性も含めてにわかに信じられないのも事実である。

文献史学者の狩野久氏は、中央の膳臣と若狭の膳臣との関係は、あくまで擬制的なものとし、両者の関係が形成されたのも、六世紀後半以降のことと見ている。但し、先に引用した『先代旧事本紀』「国造本紀」と『高橋氏文』によれば、膳臣が若狭とつながりを持っていたことは明らかだ。

私はこの若狭を治め、五〜六世紀に十善の森古墳や西塚古墳などを造営した豪族を膳臣と呼ぶより、『先代旧事本紀』に従って若狭国造と呼んでおいたほうが現時点では適切であろうと思う。この若狭国造が、その後おそらく六世紀半ばころに膳氏と系譜的結びつきをもち、以後膳氏と名乗るようになったのではないか、とみている。

というのは、この六世紀半ばは、若狭の古墳にはひとつの転換期だからだ。この時期の若狭を代表するのは丸山塚古墳だが、この古墳は全長五〇メートルもありながら前方後円墳ではなく、円墳である。それまで前方後円墳を造り続けてきたこの地域に、初めて円墳が造られた。しかもそれまでのこの地域の古墳の横穴式石室には、九州地方の強い影響がみられたが、この古墳からはそうした要素は消え、むしろ近畿中央部の強い影響がみられるようになったといわれる。地域の独自性のようなものが次第に薄れ、逆に中央との結びつきが強まってきたと捉えられる。

私はこの時期こそ若狭国造が中央の膳臣の一族に組み入れられた時期ではなかったかと考える。彼らは渡来系の秦氏を配下に治め、塩業や海産物の流通などに駆使していたのだろう。膳氏だけの力では、これらの仕事は出来なかったに違いない。若狭には古墳群が多いが、そのなかには秦氏のものもきっと含まれていると思われる。

秦氏はここから、この高島へ抜ける山道を通り、琵琶湖へ出たものと思われる。四〜五世紀に高島に定着し、即位前の継体にとって身近な存在だったであろう渡来の人々も、おそらくこの若狭からやってきた人々であろう。のちに彼らは秦氏と呼ばれることになる。

河内馬飼首の貢献

継体がそもそも渡来人と親近な間柄にあったことを示す伝承が、『日本書紀』にある。第二章で挙げた河内馬飼首《うまかいのおびと》の物語がそれである。即位を大臣・大連から勧められてもすぐには決断できなかった彼に密使を送り、大臣・大連らの本意を伝え、決断を促したのが、河内馬飼首荒籠《あらこ》だった。

河内馬飼首は、朝廷の馬の飼育・調教と貴人の従駕《じゅうが》を職掌とする氏族である。そもそも日本列島に馬が渡来したのは、四世紀末〜五世紀初めころで、それまではこの列島に馬はいなかった。その馬の飼育や調教等を専門に行なう氏なのだから、河内馬飼首も馬と共にこの日本列島へやってきた渡来系の豪族であろうとみられる。

彼らの本拠地は、河内国讃良《さらら》郡から河内郡、現在の四條畷《なわて》市から東大阪市枚岡《ひらおか》にかけてである。この河内湖東岸の生駒山の麓に古代最大の牧、いわゆる河内牧が営まれた。彼らが物部氏や大伴氏と継体との橋渡しのような役割を担ったのであった。先にも引用したが、『日本書紀』にはこうある。

然《しか》るに天皇、意《みこころ》の裏に尚疑ひて、久しく就《つ》きたまはず。適《たまたま》知れる河内馬飼首荒籠、密かに使いを奉遣し、具《つぶさ》に大臣・大連等が奉迎《むかえたてまつ》る所以《ゆえ》の本意を述べまうさしむ。

（しかし天皇は、心の裏にまだ或る疑いを持っており、久しく皇位に就かれなかった。ちょうどいいことに、前から知り合いであった河内馬飼首荒籠が密使を遣し、大臣・大連らが継体を迎えようとしている本意を詳しくお伝えした）

「適（たまたま）知れる河内馬飼首荒籠」と『日本書紀』にはある。『新編日本古典文学全集』（小学館）の現代語訳には「たまたまご存じであった河内馬飼首荒籠が、ひそかに使者をお送り申して、大臣・大連たちが男大迹天皇をお迎えしようとする本意を詳しくご説明申しあげた」とある。たしかに訓は「たまたま」だが、使われている字は「偶」ではなく「適」である。「たまたま」といっても単なる偶然ではなく、「適」には「ちょうどいいことに」、「ちょうどふさわしいことに」といったニュアンスがあることに留意したい。私なら「ちょうどいいことに以前から知り合いだった河内馬飼首荒籠が、ひそかに使者をお送り申して……」と訳す。

つまり継体が河内馬飼首と知り合いだったことは、彼にとって「ちょうどいいこと」だったのだ。それは、河内馬飼首が継体とも大臣・大連ら――大伴氏や物部氏など中央の有力豪族――ともパイプを持っていたからである。両者の橋渡し役に、彼はまさに適任な人物であった。その幸運を、『日本書紀』は「適」という一字に表現しているのである。

馬を媒介にして

それにしてもなぜ継体は、以前から河内馬飼首と知り合いだったのか。おそらく、河内馬飼首の養育した馬を、継体も受け入れていたからであろうと私は想像する。鴨稲荷山古墳のあの金銅製馬具を思い起こしていただきたい。金銅製のきらびやかな馬具をまとった馬に跨る継体の勇姿を我々は想像してみてもいいだろう。その傍らに河内馬飼首荒籠の姿を思い描いてもいい。

馬を必要としていたのは大伴金村も物部麁鹿火《あらかひ》も同様である。彼らは名にし負う大和政権の軍事氏族だ。河内馬飼首との間柄はより密接であったに違いない。かくして馬が両者の間の橋渡しになった。

継体自身が「『貴と賤を論ずる勿れ。但しその心をのみ重みとすべし』といへるは、蓋し荒籠を謂ふか」と言っているように、渡来人である河内馬飼首の政治的立場は高いとは言えなかった。そのような境遇ではあっても、彼らは当時の馬を一手に掌握していたところから、幅広い地域に人脈を築いていた。それがここで役立ったのである。

河内馬飼首の本拠は先にも記したように、現在の四條畷市から東大阪市枚岡の周辺であった。ここに、前章でとりあげた捩じり環頭大刀が出土している。東大阪市の芝山古墳である。彼らが継体の支持勢力であったことの証明と言ってもいいだろう。

淀川に広がる秦氏

この広大な河内牧の北辺、現在の寝屋川《ねやがわ》市の南部に、長保寺《ちょうほじ》遺跡という遺跡がある。こ

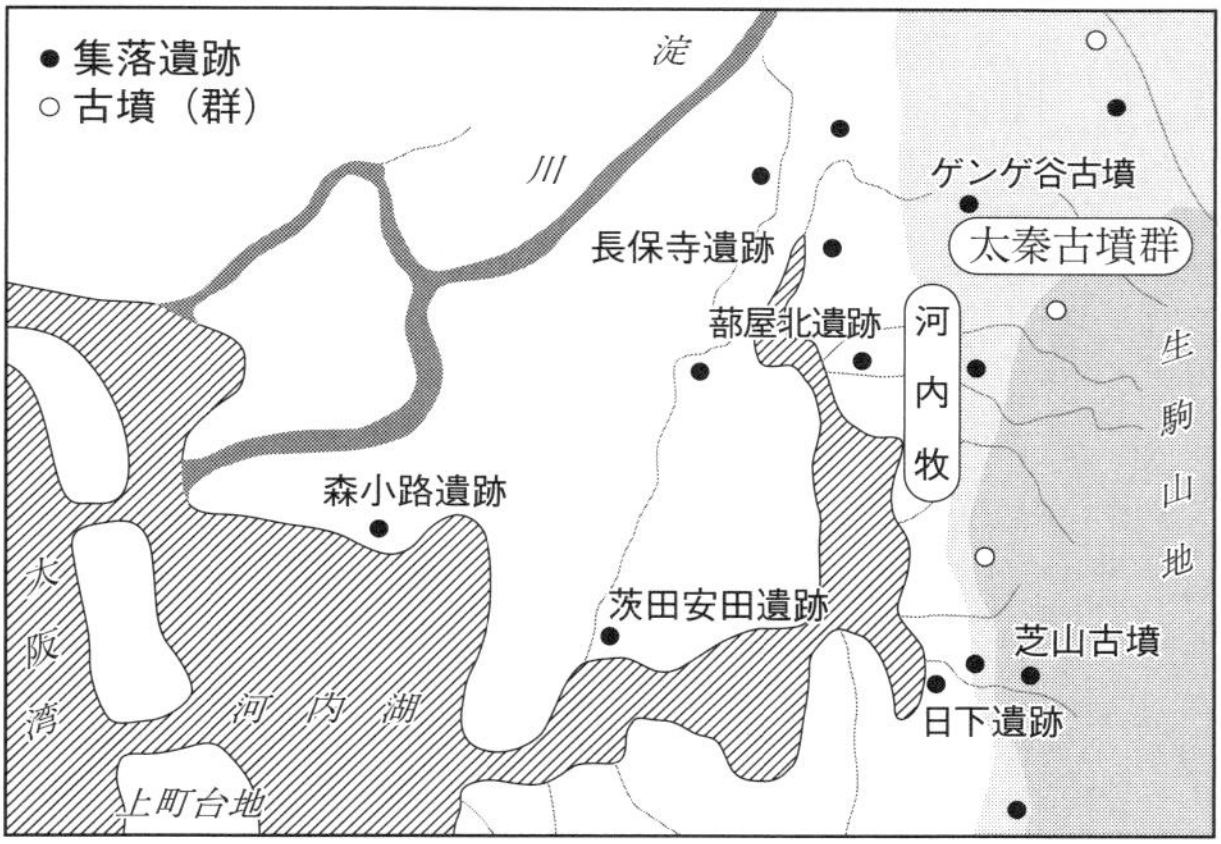

河内牧と茨田郡の秦氏

こで発見された井戸枠は、実は準構造船（丸木舟の両舷に高い舷側板を立てて波除《よ》けとした船）の一部が転用されたものであった。馬はこういう船に乗せられて朝鮮半島から運ばれ、河内湖のほとりで下ろされたのだった。この遺跡の東に隣接したところに太秦《うずまさ》という地名が残り、五〜七世紀ころの約二十五基の古墳群がある。そこは、渡来人秦氏のもうひとつの拠点であった。

この地域にも秦氏がいたことは、『和名類《わみょうるい》聚抄《じゅしょう》』に「河内国茨田《まった》郡幡多《はた》郷」という地名がみえることや、近世に秦村・太秦村といった地名があったことなどから推測されている。

さらに『古事記』仁徳天皇段には、

秦人《はだひと》を役《えだ》ちて茨田堤《まんだのつつみ》及び茨田三宅《みやけ》を作る。
（秦人を使って茨田堤と茨田三宅を作った）

とある。淀川のほとりのこの地域の開発に秦氏に関わる人々が従事していたというのである。

また「播磨国風土記」揖保《いぼ》郡条に以下の記述もある。

枚方《ひらかた》の里。［土は中の上］。枚方と名づくる所以《ゆえ》は、河内国茨田郡枚方の里の漢人《あやひと》来到《きた》りて、始めてこの村に居《す》みき。故に枚方の里と曰ふ。
（枚方の里。土の質は中の上。枚方と名づけられた理由は、河内国茨田郡枚方の里の漢人が来て、始めてこの村に住んだ。だから枚方の里というのである）

播磨国揖保郡枚方里は、現在の揖保郡太子町佐用岡《さよおか》付近と推定されている。ここに「河内国茨田郡枚方の里」から、渡来系の集団が移住してきたという伝承である。

戦後、宅地化が進んだために残念ながら寝屋川一帯で現在残されている古墳は太秦高塚古墳のみだが、全長約四〇メートルの造り出しをもつ円墳で、時期は五世紀後半ころといわれている。周辺には高宮《たかみや》遺跡というほぼ同時期の大型建物群や竪穴式住居跡があり、ここで竈や初期の須恵器、韓式系土器など、渡来人の居住を示す痕跡が発見されている。

前章でも触れたけれども、このなかに広帯二山式冠の破片が出土した古墳がある。ゲンゲ谷古墳というが、ここも今はない。出土した金銅製の馬具や装飾品は、京都大学の博物館に所蔵されている。この地の秦氏が継体から授かったものとみてよいだろう。全国各地に秦氏は分布しているが、そのなかで本宗であることを示す太秦という氏の名や地名を名乗るのは京都市右京区の太秦以外には、この寝屋川の秦氏だけである。この地の秦氏が京都の太秦に次ぐ重要で有力な存在であったことをうかがわせる。

北摂の秦氏

現在の大阪府の北郊、北摂《ほくせつ》とよばれる地域にも秦氏はいた。現在の大阪府池田市、かつての摂津国豊嶋《てしま》郡秦上《はたかみ》郷・秦下《はたしも》郷である。

古代の豊嶋郡に秦氏がいたことは次の史料で確認できる。天平神護三年の紀年をもつ正倉院文書（「造東大寺司移《しい》」）に、「豊嶋郡散位《さんみ》正八位上　秦忌寸《いみき》豊穂《とよほ》」という名前がみえる。また、『続日本紀』神護景雲三年条に以下の記事がある。

摂津国豊嶋郡人正七位上　井手小足《いでのおたり》等十五人に姓秦井手忌寸《はたのいでのいみき》を賜ふ。

（摂津国豊嶋郡の人で、正七位上井手小足等十五人に、秦井手忌寸の姓を賜うた）

これらからも、摂津国豊嶋郡に秦氏がいたことは間違いない。この地域には四世紀後半、池田茶臼山古墳、娯三堂《ごさんどう》古墳という二つの大きな古墳が築造されている。ただその後この地域では百年余り、大きな古墳がつくられなくなる。この空白の時期を経て、六世紀になって再び古墳の造営が活発化する。全長四五メートルの二子塚古墳（前方後円墳）、大型の横穴式石室をもつ鉢塚《はちづか》古墳（円墳）などである。これらの古墳は五世紀末ころに新しくこの地へ進出した新興勢力のものとみられている。それが秦氏であろう。

福永伸哉氏の研究によれば、この新旧の勢力交代は、豊嶋郡のみならず猪名川《いながわ》流域全体にわたる新旧の勢力交代でもあった。千里《せんり》川と天竺《てんじく》川に挟まれた豊中台地エリアの桜塚古墳群（地図のAの地域）と、伊丹から尼崎にまたがる猪名野《いなの》古墳群（E）とは古墳時代中期（五世紀代）に隆盛を迎えたが、六世紀初めころになると桜塚古墳群は急速に下火とな

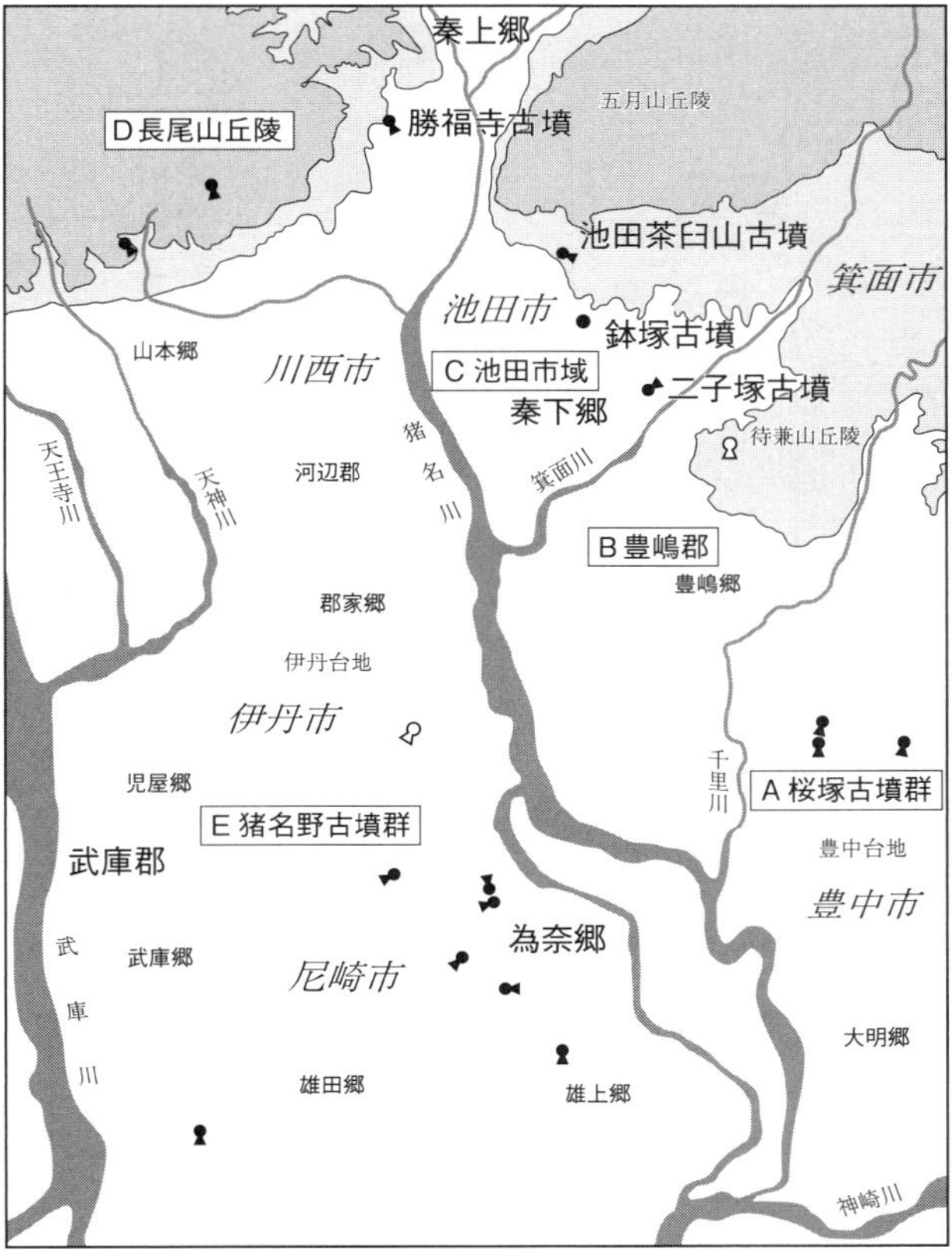

猪名川流域の古墳と郡

（高橋照彦「猪名川流域の古代氏族と勝福寺古墳」を元に作成）

り、代わって現在の池田市域（C）と、長尾山丘陵（D）で古墳の造営が復活を遂げる。池田市域では上述した二子塚古墳、鉢塚古墳、長尾山丘陵では勝福寺古墳が造られた。ちょうど継体朝ころに猪名川流域の盟主は明らかに交代したのである。

高橋照彦氏は、勝福寺古墳の被葬者を猪名公の祖とされる宣化天皇の子、火焰《ほのお》皇子あるいはその母の大河内稚媛《おおしこうちわくごひめ》に想定している。そして、猪名野古墳群（E）は大河内氏の墳墓であろうと推定している。

勝福寺古墳に関しては、継体天皇の威信財とみられる捩じり環頭大刀が出土していることや、尾張地方に特徴的な尾張型埴輪が発見されていること、当時新しいスタイルの埋葬施設であった畿内型横穴式石室が採用されていることなどから、継体天皇を支援する勢力だったのではないか、との推定がなされている。そこから福永伸哉氏は、桜塚古墳群から池田市域と長尾山丘陵の古墳へという勢力交代は、「単なる地域内の争いというより、倭の中央政権内で展開する激しい主導権争いが波及した結果に他ならない」と考えている。

その通りだとすると、勝福寺古墳の造営主体である猪名公あるいは大河内氏と秦氏は、ともに継体天皇を支援する立場にあったということになるだろう。この北摂地域においても、地元の豪族の間で親継体派・反継体派に分かれて勢力の交替が行われていたということになるわけである。

山背の秦氏

継体が河内馬飼首や秦氏といった渡来系勢力を尊重したことは、ここまでの検討からも明らかになってきたといっていい。その秦氏の本宗家ともいえるのが、山背《やましろ》国葛野《かどの》郡の秦氏である。近年、京都市右京区の太秦和泉式部町周辺で、五世紀後半ころの渡来人の集落跡が発見されるなど、かつて考えられていたより数十年早くこの太秦周辺に渡来人——秦氏——が居住していたことが判明した。この遺跡からは、L字型に曲がる煙道をもつ竪穴式住居や、韓式系土器、初期の須恵器などが出土しており、明らかに渡来系の集団の住居が並んでいたと考えられる。

太秦の南部にある天塚古墳からは、広帯二山式冠と捩じり環頭大刀の両方が出土している。時期は六世紀初頭、まさに継体天皇の時代である。被葬者は当該期の秦氏の族長に違いない。この氏が継体天皇に重視されていたことの現われといえよう。六世紀に入ってからも、この地域と隣接する樫原《かたぎはら》・山田には清水塚古墳、天鼓《てんこ》ノ森《もり》古墳が造られており、彼らの勢威が継続・伸長しているのがわかる。太秦の一族も、樫原・山田の一族も、その勢

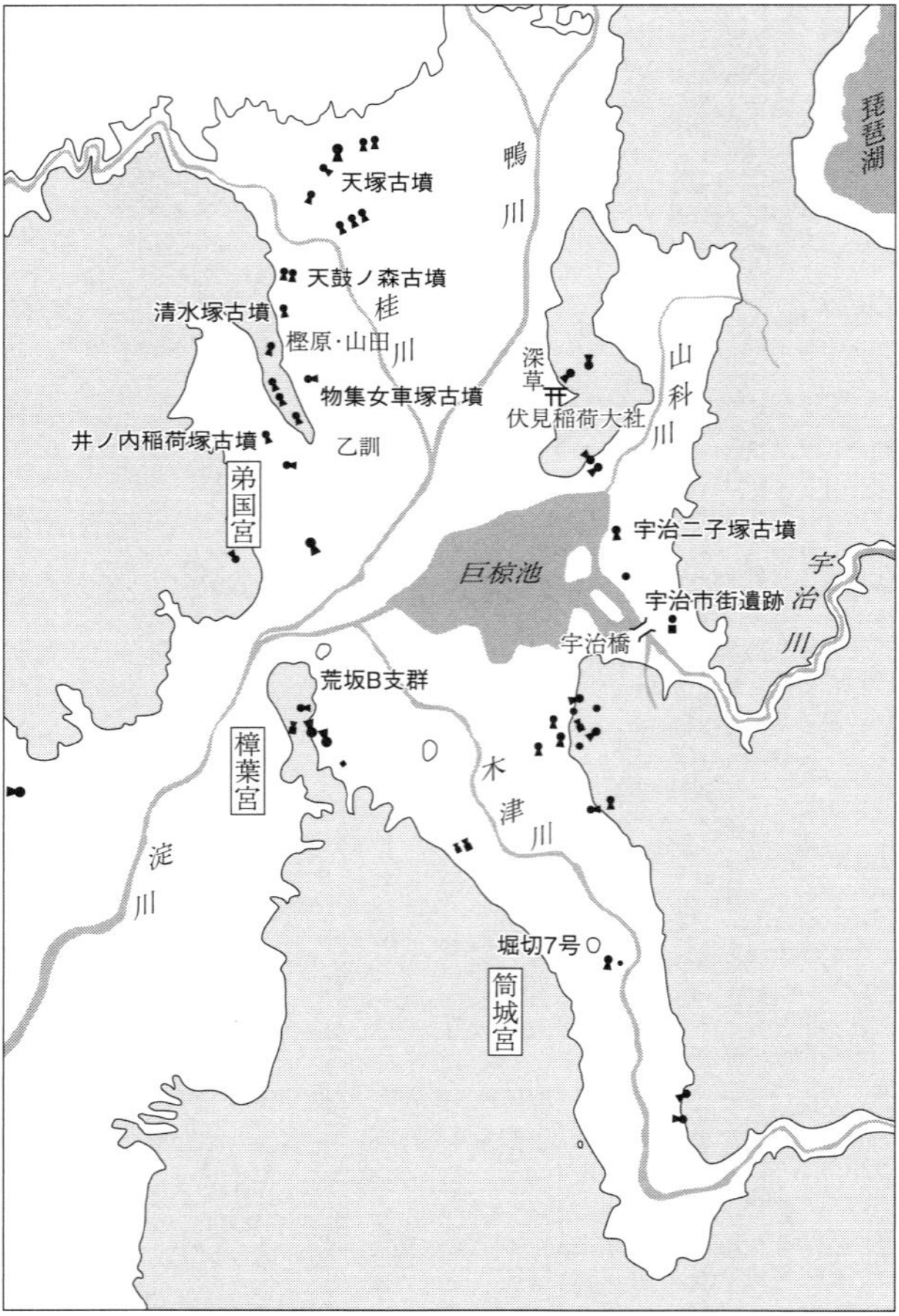
琵琶湖
鴨川
天塚古墳
天鼓ノ森古墳
桂川
清水塚古墳
樫原・山田
深草
山科川
物集女車塚古墳
伏見稲荷大社
井ノ内稲荷塚古墳
乙訓
弟国宮
宇治二子塚古墳
巨椋池
宇治
宇治市街遺跡
宇治川
宇治橋
荒坂B支群
樟葉宮
木津川
淀川
堀切7号
筒城宮

6 世紀の山背地方

力は継体朝に入って継続し、拡大していったとみえる。

こうした状況からすると、乙訓《おとくに》地方、現在の京都府向日市《むこう》にある物集女車塚《もずめくるまづか》古墳も秦氏の造ったものである可能性が高いように私は思う。広帯二山式冠と捩じり環頭大刀の両方を出土した古墳である。立地からすれば、樫原・山田より数キロ南の向日グループに分類されているが、この地域の首長墓は三世紀末から五世紀初頭ころまで大きな勢力を維持したものの、その後ほとんど中絶しており、ここで系譜はいったん切れているとみるべきである。むしろ先に触れた清水塚古墳、天鼓ノ森古墳を造営した樫原・山田グループが、その勢いを伸ばして南のほうにまで進出し、物集女車塚古墳を造り上げたのではないかと私は思う。

物集女車塚古墳の被葬者に関しては近年、中村修氏が茨田《まんだ》連説を唱え、このほか向日神社の神官である六人部《むとべ》氏や地元の物集氏などもその可能性が指摘されている。また一部に土師《はじ》氏とする説もあるが、奈良時代以前に土師氏が乙訓にいたかどうかについては賛否両論あるところである。

清水みき氏は、乙訓地方のさまざまな豪族を検討した末に、「古墳時代の乙訓の首長像を探るのに、古代の文献史料に限ると、秦氏関係の史料はなじまないといえる。勿論、秦氏が六世紀中ごろに乙訓の首長として擡頭していたことを肯定する史料も、否定する史料もないという意味においてである」と言って、被葬者像の提示について、回答を留保している。

大阪大学の都出比呂志《つでひろし》氏・福永伸哉氏は、五世紀後半段階に古墳造りが振るわなかった地域に、六世紀初頭になって前方後円墳が復活する例の多いことを指摘し、この変化の背景に「中央政権の主導権交代、いいかえれば継体新政権の成立」という大きな政治変動のあったことを、推測している。具体例として挙げられているのが、先ほどから取りあげているこの京都府桂川右岸の乙訓地方と畿内北西部の猪名川流域である。

前者で言えば、当初樫原・山田地方に定着していた秦氏勢力が、継体及びその支援勢力と連携関係を結んだ結果、継体の宮である弟国（乙訓）に近い物集女地域にまで南下して墓を築いたということではないか。

物集女車塚古墳よりさらに南、おそらく弟国宮に最も近いあたりに築かれているのが、井ノ内稲荷塚古墳である。時期は同じく六世紀前半ころ、継体朝にあたる。この古墳の被葬者も弟国宮の経営に力を尽くした地元豪族であろうが、豊島直博氏は、二つの古墳の被葬者像を比較したところ、物集女車塚古墳が「副葬品や武器の種類の豊富さ」で勝っており、「石棺を用いること、各地の盟主墳と共通する副葬品をもつ」ことから、「王権を背景とした新興の勢力」、井ノ内稲荷塚古墳を「地域の伝統的勢力」と評した。こうした古墳の特徴も、物集女車塚が秦氏の古墳であることを示唆しているようにみえる。

寝屋川の秦氏、北摂の秦氏、山背国太秦の秦氏とここまでみてきたが、いずれも継体には親近な間柄だったことがうかがえよう。秦氏については、前著『謎の渡来人　秦氏』で詳述したが、彼らと継体との関係については述べるだけの用意がなかった。しかしこれからすると、あるいは各地の秦氏が連携して継体を支援していた可能性もあるのかもしれない。だとすれば、なぜ秦氏は継体を支援したのか、という謎が浮上してくるだろう。

宇治二子塚古墳と秦氏

山背地方にはもうひとつ継体とかかわりの深い人物の墓ではないかといわれる古墳がある。宇治（五ケ庄《ごかしょう》）二子塚《ふたごづか》古墳である。全長一一二メートルの前方後円墳で、二段築成で二重の周濠をもつ堂々たる古墳だ。六世紀初頭（西暦五〇〇年ころ）の築造といわれる。墳型は今城塚古墳と同型で、その三分の二の大きさに当たる。尾張型埴輪が発掘されており、この時期では山背最大の古墳である。

五世紀後半ころから全国的に古墳が小型化していく傾向は山背国も例外でないが、そのようななかで一〇〇メートルを越えるこの古墳の威容には、目を見開かせられる。そこで

宇治二子塚古墳（京都府宇治市）

問題になるのは、この古墳の被葬者だ。

この地域にはのちに宇治宿禰《すくね》と呼ばれる豪族が定着するようになるが、とうていこれだけの大古墳を築けるだけの豪族ではない。応神天皇の皇子、菟道稚郎子《うじのわきいらつこ》皇子の母が、和邇《わに》氏の日触使主《ひふれのおみ》の娘の「矢河枝比売《やがえひめ》」とされることから、宇治に和邇氏のいたことを推測する説もある。この古墳の被葬者として、継体の后妃「和珥臣河内《わにかわち》の女、荑媛《はえひめ》」かその父、兄などを被葬者として想定することもできるだろう。

ただ何といっても和邇氏の本拠地は大和盆地の東北部であり、次いで山背南部の綴喜《つづき》郡であろう。その北の宇治との関わりがどれほど強固にあったかというと、いささか首をかしげるところだ。

それより宇治には畿内でも最古級の渡来人の集落遺跡があることに着目したい。二〇〇四年、平等院鳳凰堂にも近い宇治橋の周辺で、古墳時代中期の韓式系土器が発見された宇治市街遺跡である。ここで発見された八十個の土器のうち、軟質性の韓式系土器が八〇%、硬質性の韓式系土器が一五%を占めた。丸川義広氏は、「古墳時代中期にこの地域に渡来第一世代が定着したことを示す明確な根拠」と評価している。

これに続く集落遺跡が周辺に見つからないのが悔やまれるが、この地域に渡来人が定住していたことは間違いない。少し時代の降る史料ではあるが、宇治に秦氏がいたことを示唆する次のような伝承がある。

宇治橋で聖徳太子を迎えた伝承

『聖徳太子伝暦《でんりゃく》』という平安時代初期（九一七年）に成立した聖徳太子の伝記がある。そこに、秦氏の建立した広隆寺の縁起ともいうべき伝承が語られている。

推古十二年秋八月、聖徳太子が秦造川勝《はたのみやつこかわかつ》にこう言ったという。「吾は、昨夜夢を見た。それはここから北を去ること五、六里のところにある一つの美しい邑であった。川勝よ、

現在の宇治橋

夢で見たその村に案内し、親族を率いて私をもてなせ。吾は今そこに行ってみたい」川勝は申し上げた。「私の邑は、まさに太子のご覧になった御夢の如き所です」

太子と川勝はその日のうちに大和国を出発し、山背国に向かった。翌日、宇治川に架かる宇治橋に一行はさしかかった。このとき川勝の眷属《けんぞく》（一族郎党の意）は、正装をして、「騎馬」で橋のたもとにお迎えした。それは道中に溢れるほどの人数だった。

これを見た太子は左右の者にこう言ったという。

漢人の親族、其家富饒《ふじょう》にして、また手織の絹絁《きぬあしぎぬ》、衣服美しく好ましき。是れ国家の宝也。

（漢人の親族は、その家は富み栄え、また彼らの作る手織りの絹や絁などの衣服は美しく好ましい。これはまさに国家の宝である）

木《き》郡（紀伊郡）に至ると、川勝の眷属は、酒食をもてなした。太子に従う一行の者二百人以上も皆悉く酒に酔い食事を楽しんだ。

太子が夢に見た美しい村とは、秦氏の本拠地太秦であった。太子は「蜂岳《はちおか》」（蜂岡）の下に宮を造り、そこを仮宮として滞在した。この地の風光明媚を讃え、三百年後に「聖皇」が現われ、ここを都に定めるであろうと予言するのである。

この書物が出来たのは平安時代であるから、聖徳太子が山背国を訪ね、ここが将来都となることを予言するのはもちろん歴史の後知恵であって、史実とは言えない。太子がここを訪ねたことも史実かどうかはわからないだろう。

注目したいのは、大和から北上して山背国に向かう太子一行を、秦氏一族が宇治橋で出迎えたこと、そして伏見稲荷大社や深草のある紀伊郡で酒食をもてなし、最後に太秦に至ることである。いうまでもなく太秦は彼らの本拠地、紀伊郡は第二の本拠地といってよいところだ。ということは、最初に太子を出迎えた宇治も、秦氏の重要な拠点であったと捉えるべきだろう。おそらく宇治橋から北が秦氏の領域であるということを示しているのではないか。

彼らは橋の上で正装をし、皆が馬に乗って溢れるほどの人数で出迎えたという。その威容をみた太子が秦氏の「漢人の親族、其家富饒」、「これ国家の宝なり」と讃えたという伝承は衝撃的だ。たとえ推古朝の史実ではないとしても、奈良時代平安時代のこの渡来系氏族の隆盛ぶりがそこに表現されている。秦氏の一族の山背国における権益は卓越したものがあったろうが、それが宇治川を境に北に展開していることが、この伝承に示唆されているのである。

この伝承からすれば、六世紀初めにこの宇治の地に造られた宇治二子塚古墳も、秦氏のものである可能性を考えてみたいのである。

第六章　有明海沿岸勢力と大和政権

反継体勢力

継体の治世は、『日本書紀』本文によれば二十五年、「或本」とある異伝によれば二十八年続いたとされるが、大和盆地に入ったのは磐余玉穂《いわれたまほ》宮（現在の奈良県桜井市）に移った即位二十年目のことであったから、ほとんどその晩年にあたる。それまではずっと樟葉《くずは》宮（現在の大阪府枚方市）、筒城《つつき》宮（現在の京都府京田辺市）、弟国《おとくに》宮（現在の京都府向日市・長岡京市）と大和盆地の外縁を転々としてきたことになる。

ただ、だからといって二十年間全く大和盆地に入れなかったというわけではないだろう。継体支援勢力の中には、大伴氏、物部氏、和邇《わに》氏など大和盆地に本拠をもつ有力豪族たちがいた。継体の磐余玉穂宮は大伴氏の本拠地にあるし、物部氏は、継体の皇子の安閑天皇に后妃を入れている。和邇氏もまた、継体に后妃「和珥《わに》臣河内《かわち》の女、荑媛《はえひめ》」を入れている。注意したいのは、これら親継体派とみられる大和の大豪族の本拠が一致して大和盆地の東麓に位置していることだ（一八四ページ地図参照）。

これと符合するように、継体の「大后《おおきさき》」手《た》白髪《しらか》皇女の墓が、やはり大和盆地東麓のオオ

ヤマト古墳群に営まれている。『延喜式《えんぎしき》』諸陵寮条に天皇・皇族の御陵の所在が掲載されているが、このなかに彼女の墓は、

衾田《ふすまだ》墓［手白香皇女。在大和国山辺郡。兆域東西二町。南北二町。云々］

と記されている。

現在、宮内庁は奈良県天理市南部にある西殿塚《とのづか》古墳を手白香皇女の墓としているが、これは間違いでその近隣にある西山塚古墳こそが真の手白香皇女の墓であろうとされている。いずれにせよ「大和国山辺郡」に継体の「大后」の墓が造営されたということは、この地域にも継体が入っていたことを示している。磐余玉穂宮遷都は、このとき初めて大和盆地に定着したという意味であって、それまで全く大和盆地に入ったことがなかったということではあるまい。

東麓とは対照的に、大和盆地の西麓には親継体勢力が見当たらない。葛城氏が支配するこの地域に、継体はなかなか入れなかったようである。第一章でも述べたように五世紀後半に雄略天皇に掣肘され、かつてほどの勢威は失ったにせよ、雄略の没後、葛城氏は勢力

を回復したようにみえる。私はこの氏族とその系統の王族が継体の大和定着に抵抗したと考える。

磐井の乱とは何か

『日本書紀』によると、晴れて継体が磐余玉穂宮に入った翌年の即位二十一年、西方で大きな反乱が起きた。筑紫君磐井《つくしのきみいわい》の乱である。この辺りの紀年がどこまで信用できるのか、疑わしい面もあるけれども、磐余玉穂宮遷都の後、時をおかず筑紫君磐井との軍事対決があったことはおおよそ認めていいだろう。継体朝における二大事件が時期を接して起きている事実を私は重視したい。

磐井の乱に関する『古事記』や「筑後《ちくご》国風土記」逸文の伝承をみると、先に攻撃を起こしたのは官軍で、これを迎え撃ったのが磐井であったことがわかる。

『古事記』

此の御世《みよ》、竺紫君石井《つくしのきみいわい》、天皇の命に従はずして、多く礼無し。故に物部荒甲《あらかい》之大連、大伴之金村連の二人を遣して、石井《いわい》を殺せり。

（この時代、筑紫君石井は天皇の命に従わず、無礼なことが多くあった。そこで物部荒甲之大連と大伴之金村連の二人を遣して、石井を殺した）

「筑後国風土記」逸文（後半）

古老伝へて云はく「雄大迹《おおおと》天皇の世、筑紫君磐井、豪強暴虐にして皇風《おうふう》に偃《したが》はず。生平《い》けりし時、預《あらかじ》めこの墓を造る。俄かに官軍動発し、襲はむとする間、勢い勝たざるを知り、独り自ら豊前国上膳《かみつけ》県に遁《に》げ、南山の峻《さか》しき嶺の曲《くま》に終はる。ここに於ひて官軍追ひて尋ねるも蹤《あと》を失ふ。士、怒り泄《や》まず石人の手を撃ち折り、石馬の頭を打ち堕す」

（古老が伝えて云うには「雄大迹〈継体〉天皇の時代に、筑紫君磐井が強い勢力を保ち、暴虐にして天皇の統治に従わなかった。生きている間にあらかじめこの墓を造った。俄かに官軍が進発し襲撃しようとしたので、磐井は勢いでは勝てないと悟り、独りで豊前国上膳県に逃亡して、南の山の険しい山の隈で亡くなった。官軍は後を追いかけて探したが、見失った。官軍の兵士は怒りがやまず、腹いせに石人の手を撃ち折り、石馬の頭を打ち落とした」）

前著で述べた私の推測では、かねてより中央から独立する動きを始めていた磐井を盟主とする北部・中部九州勢力に対し、内部対立をやっと収束させ、継体の下で一本化した大和政権が、ついにその時機をとらえて攻撃を仕掛けてきたのがこの戦いであった。『古事記』に大伴金村・物部麁鹿火という二人の実力者が磐井討伐のためそろって九州まで遠征したとあるのを見ても、継体政権にとって磐井との戦いは総力戦であったことがわかる。

玄界灘沿岸から有明海沿岸へ

かつて九州で最も勢力を誇っていたのは朝鮮半島に相対する玄界灘に面した地域であった。これは『魏志』倭人伝に末盧《まつろ》国・奴《な》国・伊都《いと》国・不弥《ふみ》国として現れている国々が、いずれも玄界灘に面する位置にあることからも容易に察せられるところだろう。しかしその後、白石太一郎氏も指摘しているように、「五世紀前半ごろを境として、倭・韓の交渉、交易活動の中心的な担い手が、朝鮮半島側では伽耶から全羅南道地域の勢力に、倭国側では玄界灘沿岸から有明海沿岸勢力へと変化した」という。

たしかに五世紀初頭ころまでは玄界灘沿岸地域に全長一〇〇メートル近い前方後円墳が

造られていたが、五世紀前半になると急速に衰退し、これに代わって有明海沿岸から筑後川流域に一〇〇メートルを越える前方後円墳が造られるようになる。それまで玄界灘沿岸勢力が果たしてきた大和政権の対外交渉の窓口としての役割も、以後は替わって有明海沿岸地域の豪族が掌握するようになったのだろう。

なかでも代表的なのが、筑紫君と肥《ひ》（火）君という二豪族である。九州においてこの二氏の力は他に抜きんでるものがあった。筑紫君の本拠地は現在の福岡県太宰府市から小郡《おごおり》市、筑紫野の一帯、肥君の本拠地は肥後国八代《やつしろ》郡肥伊《ひい》郷、現在の熊本県八代郡氷川《ひかわ》町の辺りと考えられている。ただ両氏の勢力はこれに留まらず、五〜六世紀に近隣各地へ進出し、勢力を伸ばしている。

江田船山古墳の実力

先に触れた熊本県玉名郡にある江田船山古墳は、まさにこの有明海沿岸に造られた古墳である。この古墳は五世紀末〜六世紀前半に築かれ、この間に追葬も行われたらしい。のちにも述べるように、私はこの古墳の被葬者を肥君の分家の一人と考えている。

第四章で述べたように、その被葬者は半島に渡った事があったに違いない。彼はそこで外交・軍事上顕著な実績をあげ、おそらくその恩賞として、大伽耶や百済の王から狭帯式冠や帽、半筒型金具や履などを授与された。肥後に帰国したあとは、雄略天皇からもその功績を評価され、貴重な広帯二山式冠を始めとする冠や馬具、装身具などを授けられたのであろう。朴天秀氏が言うように、彼は「倭王権とともに百済王権に両属していた」とみられる。

しかも大刀に刻まれた銘文には

台天下獲□□□鹵大王世奉事典曹人名无利弖八月中用大鉄釜幷四尺廷刀八十練九十振三寸上好刊刀服此刀者長寿子孫洋々得□恩也不失其所統作刀者名伊太和書者張安也

（天下治《し》らしめしし獲《わ》□□□鹵《ろ》大王の世、典曹《てんそう》に奉事せし人、名は无利弖《むりて》、八月中、大鉄釜を用い、四尺の廷刀を幷《あ》わす。八十たび練り、九十たび振《う》つ。三寸上好の刊刀なり。此の刀を服する者は、長寿にして子孫洋々、□恩を得る也。其の統《す》ぶる所を失わず。刀を作る者、名は伊太和《いたわ》。書する者は張安《ちょうあん》也）

（東京国立博物館編『江田船山古墳出土　国宝　銀象嵌銘大刀』〈一九九三年、吉川弘文館〉に拠る）

とある。銘によれば、この大刀は「獲□□□鹵《ワカタケル》大王」＝雄略天皇の「世」に「典曹人」（何らかの文官。或いは法曹関係の役所か）の「无利弖《むりて》」という人物が作らせたもので、「作刀者」＝刀鍛冶の名は「伊太和《いたわ》」で、「書」を書いたのは「張安」だと記されている。

　注意したいのは、「此の刀を服する者は、長寿にして子孫洋々、□恩を得る也。その統ぶる所を失わず」とあるくだりだ。かつては「三恩」と読まれてきたが、一九九四年に行われた東京国立博物館の再調査により、「三」の字の中央にタテ線があったことも考えられるとされ、この字は「王」である可能性が指摘された。このことは大きい。なぜなら、ここを「王の恩を得る」と読むと、この刀を持つ者は「獲□□□《カタケ》鹵大王」＝雄略天皇から様々な政治的恩恵を受けることを保障され、また「その統ぶる所を失はず」とあるように、自らの領域支配も大王から保障されたことになるからである。

　これまでは「无利弖」がこの古墳の被葬者に下賜したものとしてのみ捉えられてきたのだが、実はその後ろに大王が存在することが明らかになったのである。内容からすれば、この刀は雄略の意向を受けた「典曹人无利弖」からこの古墳の被葬者に授けるべく、明確な政治的意図をもって造られたものということになるだろう。

被葬者の名前

気になるのは、この古墳に葬られた人物の具体的な豪族名だ。山尾幸久氏は、「典曹人无利弖」を時の大連「大伴室屋《むろや》」のこととし、この古墳の被葬者を彼に仕える火君（肥君）一族の首長とした。この「火君」一族が大伴氏の部下（＝「靫大伴《ゆき》」）として中央に出て一定期間王宮に仕える務めを果たし、肥後に帰郷するに際して大伴室屋から賜ったのがこの大刀だというのだ。そして山尾氏は、この火君一族の首長は「雄略から中国宋王朝の『――将軍号』を授かり、四七九年に『筑紫国の軍士五百人』（雄略紀）を率いて百済王権復興に尽力した人ではないか」とも推定する。

私は、この古墳の被葬者を火君一族の首長とする点、雄略の命で渡海し百済復興のために軍功を挙げた武将とする点では、山尾氏に賛成したい。ただ「典曹人无利弖」を大連「大伴室屋」とするのには疑問で、またこの古墳の被葬者が王宮に出仕した功績でこの大刀を授与されたというのにも疑問をもっている。「无利弖《むりて》」と「室屋《むろや》」は似ているようにみえてやっぱり違うし、「典曹人」という職掌は大伴氏に馴染まないように思う（あえていえば物部氏にふさわしい）。それ以上に先に記したように、この銘文を与えた実質的な主体は「无利弖」ではなく大王であって、大伴氏と肥後の一首長との私的な主従関係だけでこの大刀が贈られたのではないとみているからだ。

では当時の大和政権は、なぜ江田船山古墳の被葬者にこうした破格の内容の銘文をもつ大刀を与える必要があったのだろうか。彼を懐柔することが雄略朝の政権にとってどういうメリットがあったのだろうか。

ひとつは第四章で述べたように海外で勲功をあげた、いわば国際派の首長を味方に引き付けておく必要からであった。広帯二山式冠を贈ったのはその狙いからであろう。

銘文付の大刀が贈られたのには、もうひとつ大きな理由があったとみられる。この刀が造られたのは、磐井の乱が勃発する四十年くらいも前である。だから、磐井より一世代くらいは上の人物の時代になるけれども、すでにその本拠地である筑後地方を中心に柳沢一男氏が名づけられた「有明首長連合」とでもいうべき在地豪族たちの首長連合が形成され、相当な実力を蓄え始めていた。五世紀前葉に造られた石人山《せきじんやま》古墳（全長一二〇メートルの前方後円墳）に始まり、五世紀中葉の石櫃山《いしびつやま》古墳（全長一〇〇メートルの前方後円墳）、五世紀半ば過ぎの浦山《うらやま》古墳（全長八〇メートルの前方後円墳）と、継続して大きな前方後円墳が八女・久留米地方に造られてきたことがそれを示している。有明海沿岸一帯の首長墳を中心に広範囲に分布する石製表飾（石人石馬）も、この首長連合の存在を証明する遺跡であろう。

大和政権としても対半島の外交・軍事を進めていくうえで、この地域の勢力との連携は不可欠であったが、一方で彼らの更なる強大化は脅威でもあったろう。江田船山古墳は、磐井の墓とされる岩戸山古墳の南に隣接する（一七八ページ地図参照）。雄略は有明首長連合の本拠地である八女・久留米地方のちょうど背後に位置する江田船山古墳の被葬者を味方につけることで、この首長連合のこれ以上の強大化を牽制する狙いを持っていたのではないか、と私は考えている。

阿蘇麓の三種の石材

雄略朝から継体朝にかけての中央政権と九州の関係は、石棺の移動・流通に反映されている。第一章で私は、今城塚古墳から奈良の二上山の白石、兵庫県西部の竜山石《たつやま》、熊本県阿蘇で採れるピンク石の三種の石棺の破片が見つかったことを述べた。

阿蘇の麓には全部で三カ所の主要な石材の産地があったことがこれまでに判明している。北から順に、熊本県北部の菊池川下流域・宇土《うと》半島・氷川《ひかわ》下流域の三地域で、それぞれで作られた石棺は、菊池川流域で作られたのが北肥後型石棺、宇土半島の馬門《まかど》ピンク石で作られたのが中肥後型石棺、最も南の熊本県中南部の氷川下流域で作られたのが南肥後型石棺である。こうした成果は、熊本県の高木恭二氏らの研究によって明らかになった。

このうち、菊池川流域で作られた北肥後型石棺と、宇土半島で採れる阿蘇ピンク石（馬門石）で作られた中肥後型石棺とが五世紀後半から六世紀前半にかけて九州から東へ波及し、はるばる畿内の古墳の中にまで進出してくるのである。

それまで畿内の大古墳の石棺に採用されてきたのは、兵庫県の竜山石だった。加古川の下流右岸で採れるこの石を使った長持形《ながもち》とよばれる石棺が、四世紀中ころから五世紀中ころまで「大王をはじめとする畿内やその周辺の有力大首長層、あるいはその関係者のみ」に採用されてきたのだ。竜山石が考古学者の間で「王者の棺」と呼ばれてきた所以である。これが遂に五世紀末になって消滅する。五世紀末といえば、葛城氏が雄略との対決に敗れ衰退していく時期にあたる。高木恭二氏は、それまで大王墓の棺として定着してきた兵庫県の竜山石製の長持形石棺は、「葛城氏の弱体化・没落過程の中で」採用されなくなったものとみている。

これと入れ替わるようにしてまず五世紀後半ころに増えてくるのが、阿蘇のなかでも特に菊池川流域で作られた、北肥後型といわれる舟形石棺だ。中国・四国地域に四基（愛媛

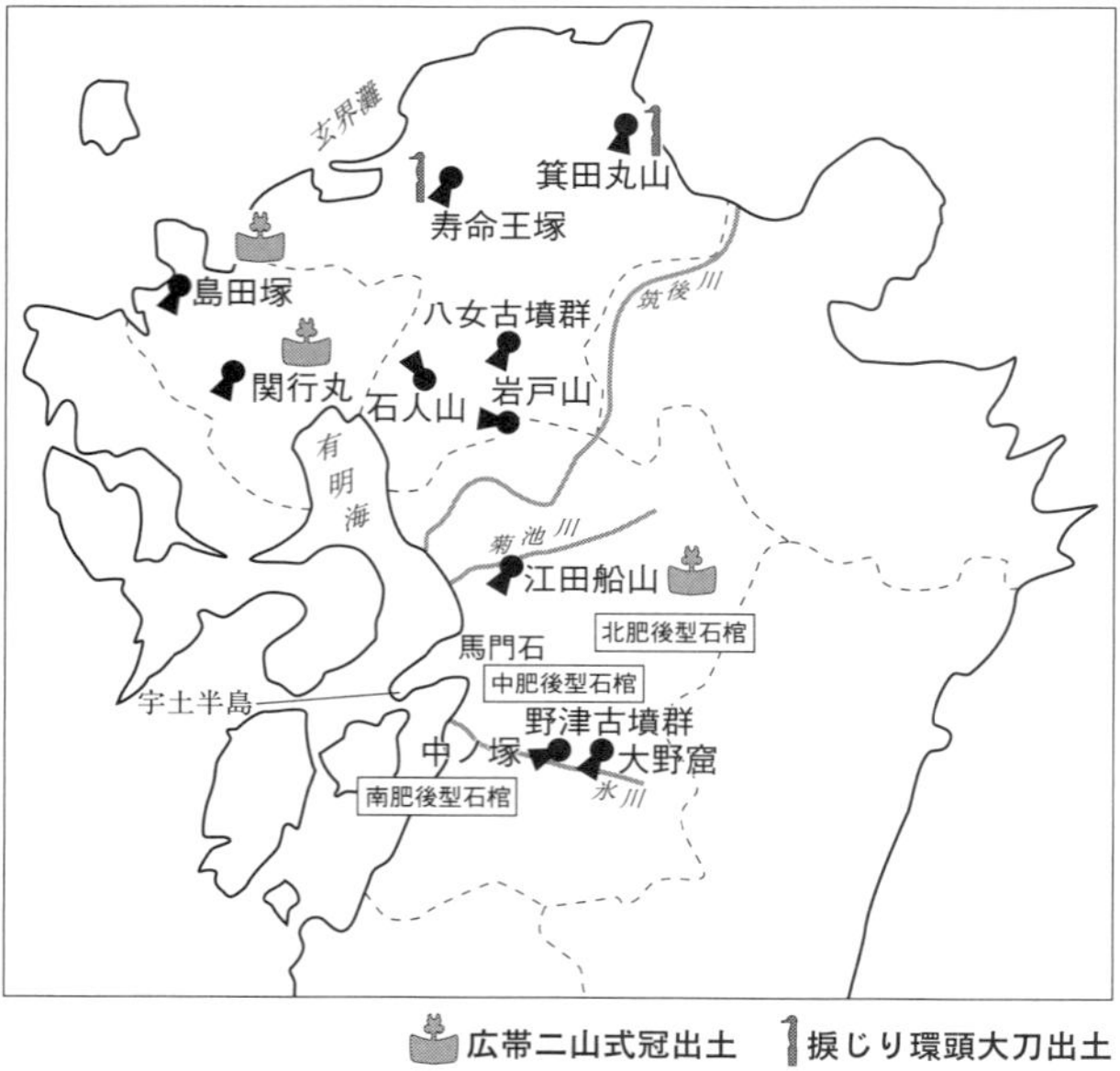

5〜6世紀の九州有明海沿岸

県に一つ、香川県に二つ、岡山県に一つ）、近畿地方に二基（大阪府藤井寺市に二つ）この型の石棺が発見されている。

時期は中国・四国は五世紀半ばから後半、近畿では五世紀後半である。この菊池川下流域というのは、まさに江田船山古墳のあるところであり、この石棺が畿内に進出した時期は、江田船山古墳の造られた時期とほぼ同じ、五世紀後半から末ころのことである。これは、江田船山古墳の時代に、この地域が中央の王権と特別なつながりを持っていたことを何よりも反映していよう。雄略を頂点に戴く中央の王権が、「此の刀を服する者は長寿にして子孫洋々、王の恩を得る也。その統ぶる所を失はず」と約束したことが、この地の石棺が中央に運ばれている事実と見事に符合しているのだ。

有明首長連合の解体か衰弱か

雄略が江田船山古墳の被葬者を特に厚く遇したのは、半島から帰国した首長を重視する政策に加えて、先にも述べたように有明首長連合を牽制し、その一角を切り崩す狙いもあったと思われる。事実、五世紀末葉に磐井の本拠地である八女・久留米周辺の古墳は、最近の柳沢一男氏の論考によると「一時的に衰退」したという。

前著で私が依拠した十六年前の柳沢氏の論考では、五世紀前葉に成立した有明首長連合が「磐井の乱後に解体するまでのほぼ一世紀のあいだ」継続したものと考えられてきた。しかしその後、同氏は考えを「訂正」し、有明海沿岸地域に「8期段階の盟主的首長墳が欠落している」ことから、8期半ば過ぎ（四八〇年ころか）に「有明首長連合は解体した」とした。但しその後再び有明海沿岸には、岩戸山古墳のような盟主的首長墳が造られるようになる。このことからすれば、私は8期段階の盟主的首長墳の「欠落」は、有明首長連合の「解体」というより「一時的な衰弱」と捉えた方が適切ではないかと考える。これは、雄略が江田船山古墳に代表される菊池川下流域の勢力に肩入れする一方で、その北に接する久留米・八女の勢力を抑圧したことの現われといえよう。

阿蘇馬門のピンク石

しかし、菊池川下流域の北肥後型石棺が畿内に波及するのは、「極めて限定された期間」のことだった。高木恭二氏によると、五世紀末ころにはこれより南の宇土半島産の馬門ピンク石を用いた石棺がこれに代わって畿内に流通するようになる。雄略朝が終わりを告げる五世紀末ころのことだ。

この阿蘇産のピンク石は馬門石と呼ばれ、その石切り場も判明している。地元では「ドイヤマ」と呼ばれる標高約二九メートルの小丘陵の周辺である。JR熊本駅から十五分ほど普通電車に乗って宇土駅を降り、そこから数キロ南へ行った山間のところにその場所はあった。現在、赤石《あかいし》神社のあるあたりである。師走の初め、丘陵の上を歩くと緑の中に柑橘類の実が沢山実っているのが見下ろせた。それらが蜜柑ではなく熊本名産デコポンであることを、先を歩く高木恭二さんが教えて下さった。小雨のそぼ降る中、高木さんのあと

馬門のピンク石の石切り場（江戸時代以降のもの）

から、古代の石切り場を求めて山道を追いかけた。

この赤い石の由来は今から約九万年前、まだ日本列島に人類が住んでいなかったころに遡る。このころ阿蘇山が大噴火し、その火砕流が時速一〇〇キロの速さで九州各地の谷あいにまで流れ込み、やがて地上に堆積して冷え固まった。これが阿蘇溶結凝灰岩《ようけつぎょうかいがん》である。中でもこの宇土市網津町馬門付近に堆積した石は、地元では馬門石と呼ばれる。ここで採られたピンク色の石が、五世紀末から六世紀初頭にかけて九州の外へ運ばれて石棺の用材とされた。第一章で述べた今城塚古墳の石棺もそのひとつだ。江戸時代以来の石切り場は今も残っており、赤い色の割れた岩石が辺り一帯に散らばっている。

ピンク石はまず岡山県の造山《ぞうざん》古墳の前方部石棺、築山古墳で利用され、次いで大阪府藤井寺市の長持山古墳2号石棺、羽曳野市の峯ケ塚古墳、そして六世紀初頭の野神《のがみ》古墳・別所鑵子《べっしょかんす》塚古墳・東乗鞍《のりくら》古墳・金屋《かなや》ミロク谷石棺・兜《かぶと》塚古墳・慶運寺《けいうんじ》石棺といった大和の古墳、近江国の円山古墳・甲山古墳、村居田古墳、そして摂津国の今城塚古墳でも使われている。

菊池川下流域の北肥後型石棺が九州より東では、中国・四国に四例、河内に二例あるだけだったのに比べると、宇土半島の馬門石製の中肥後型の石棺は、岡山県に二例あるほか近畿地方に十二例もある。しかも奇妙なことに地元の古墳にこの石は使われていない。吉備や大和、近江の豪族の古墳のためにだけ使われる「特注品」だったのではないかとみられている。

このピンク石を供給した勢力は、宇土半島の根元辺りの国越《くにごし》古墳、女塚《めづか》古墳、男塚《おづか》古墳、仁王《におう》塚古墳などを造営した首長、またその南の氷川流域の野津《のづ》古墳群を造営した首長たちであろう。このうち前者は措くとして、後者が肥君一族の墓域であることは衆目の一致するところである。

高木氏の案内で見学した野津古墳群は、姫ノ城《じょう》古墳・中ノ城《じょう》古墳・端《はし》ノ城古墳・大野窟《いわや》古墳など六〇〜一〇〇メートル級の前方後円墳が一帯にひしめき、継体〜欽明朝ころの六世紀前半に肥（火）君が栄えた様を再現している。

大和の豪族と阿蘇馬門ピンク石の関係

五世紀末から六世紀初頭に新しく生まれた阿蘇馬門のピンク石を使った石棺は、いずれも葛城氏とは対立的だった大和盆地東麓の古墳に集中している。すでに知られている中央豪族の勢力範囲からすれば、野神古墳は和邇氏、別所鑵子塚古墳・東乗鞍古墳は物部氏、金屋ミロク谷・兜塚古墳・慶運寺石棺は、大伴氏あるいは阿倍氏の古墳と考えられる。いずれも以前から私が継体の支持勢力と考えている豪族たちだ。

しかも継体の出身地である近江からも、野洲市の甲山古墳、米原市の村居田古墳のように阿蘇のピンク石を使った石棺が発見されている。第三章で、私は村居田古墳の被葬者に継体の曾祖父意富富等《おほほど》王を当てた。その当否は措くとしても、この石材が親継体につながる勢力によって採用されたことは明らかであろう。

ただこのうち留意しておきたいのは、別所鑵子塚古墳では前方後円墳の後円部から馬門石のピンク石、前方部からは二上山の石を使った石棺と、二つの石棺が発見されているこ

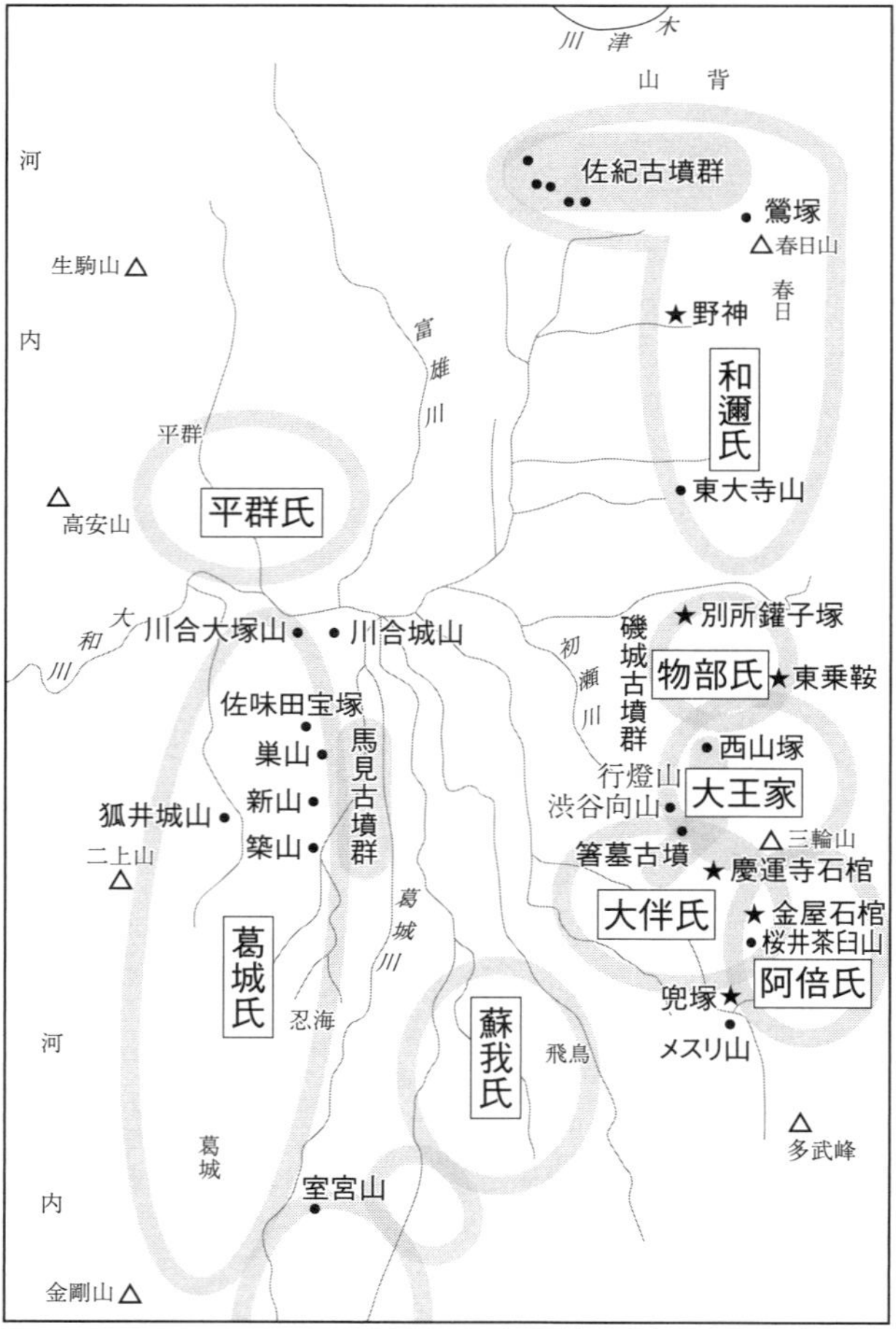

大和の豪族と阿蘇ピンク石家形石棺の分布（★印は阿蘇ピンク石が出土）

とである。同様に、東乗鞍古墳ではひとつの石室内の奥に馬門のピンク石の石棺、手前に二上山の白石製の石棺が葬られていた。近江の円山古墳でも馬門のピンク石の石棺と二上山の白石製の石棺とが一緒に埋葬されてあった。このことが何を意味するのかは、のちに考えよう。

一方で、盆地西部の葛城氏や巨勢《こせ》氏、平群《へぐり》氏などの勢力範囲からは阿蘇のピンク石を使った石棺は発見されていない。逆にこの当時の葛城では、竜山石を使った石棺が狐井城山《きついしろやま》古墳の周辺で発見されている。

葛城の北部に位置する狐井城山古墳は、先述したように武烈天皇の墓とする説と顕宗天皇の墓とする説がある。私自身は武烈陵とする塚口義信氏の説を支持したいが、この古墳の東側の水路の中から、同古墳のものとみられる長持形石棺の蓋が発見された。白石太一郎氏によると、それは最終段階の長持形石棺であろうとされる。ここにも葛城系の竜山石に対し、非葛城系の阿蘇ピンク石という構図が成り立つ。継体の大和盆地定着に抵抗していたのは葛城氏の系統の勢力だという私の推測が、考古学上でも裏付けを得たものと捉えたい。

非葛城連合

このようにみていくと、そこに

継体支持勢力＋有明海沿岸勢力

vs.

葛城系勢力

という構図をみることができるだろう。

前著では継体を擁立した勢力の主体は、「葛城氏とその同族を除いた非葛城連合」だったと述べた。「葛城氏とその同族を除く中央（畿内）豪族の大半は、近江、越前、美濃などに豊かな経済力を保有する継体を結束して擁立し、政権基盤の建直しを図った。これに対して葛城氏とその同族は、一部の仁徳系王統と結びついて継体と距離を置いた」と考えた。十年の時を経て、私は継体支持勢力に帰国首長や秦氏など渡来人、さらには九州の有明海沿岸勢力の一部も加えたい。畿内の非葛城連合と近江・越前・尾張といった継体の出身地周辺の勢力、それに帰国首長や秦氏など渡来人、さらには九州の有明海沿岸勢力、中でも阿蘇ピンク石を供給した宇土半島の勢力と、その南の氷川流域の勢力（肥君）、これらが連携して、葛城氏に対抗していたのだろう。

六世紀初頭ころまで葛城系の勢力が存在し、継体と対峙していたことを示す古墳として、狐井城山古墳に加えて、もうひとつ紹介したい古墳がある。馬見古墳群の北群に位置する川合城山古墳《かわいしろやま》である。白石太一郎氏によると、V期の円筒埴輪をもつ六世紀前半の古墳で、全長一〇九メートルとこの時期にしては大きい前方後円墳だ。継体が即位したこのころまでは、まだ間違いなく葛城氏は存在していたのである。

ただ白石氏は、「葛城地域に大王墓に準ずる規模の古墳が営まれるのは、この六世紀初頭の段階までである。六世紀後半になると、葛城のいずれの古墳群でもそうした大型古墳はみられなく」なるといい、「葛城の地域的政治連合の解体の時期はこの六世紀はじめに求めることができよう」とされている。まさに継体の磐余玉穂宮入りと入れ替わるようにして、葛城氏を中心とする地域的政治連合は終わりを迎えたのである。

磐余玉穂宮への進出

永く続いた抗争の終結後、継体が居を定めた磐余玉穂宮は、もともと大伴氏の本拠地に位置し、また阿倍氏の本拠地にも近い。『日本書紀』によれば、最初に継体を次期大王に推したのは大伴金村だった。継体は自らの後ろ盾となってくれた有力豪族の本拠地に招かれたわけである。彼の年長の皇子、勾大兄皇子《まがりのおおえ》（のちの安閑天皇）は蘇我氏の本拠地に近い勾金橋宮《まがりかなはし》（現在の橿原市曲川町）に入り、檜隈高田皇子《ひのくま》（のちの宣化天皇）は倭漢氏《やまとのあやうじ》の本拠である檜隈廬入野《ひのくまいおいりの》に入った。倭漢氏はかつては葛城氏の配下であったが、その衰退後は蘇我氏の配下に入った渡来系氏族である。父とともに大和に入った安閑と宣化は、いずれも蘇我氏の勢力圏内に定着したのだった。このことは、大伴氏とともに蘇我氏が継体の大和定着に大きな役割を果たしたことを示唆しているのだろう。

蘇我氏は葛城氏と同じく武内宿禰《たけしうちのすくね》の後裔を称する氏族で、巨勢氏や平群氏などとともに、もとは葛城氏の傘下にいたものと思われるが、同氏の衰退後は同族たちの盟主的存在に成長していく。それまで反継体側にいた彼らが、同族内の主導権を掌握したのち、一転して継体側に回ったことが、難航していた継体の大和定着の実現に大きく寄与したのではないかともみられるのである。

このように考えていくと、つまるところ継体の大和定着は、葛城氏の権益を相続した蘇我氏と手を結んだことによって実現したと言っても過言ではないことになろう。それまで継体は有明海沿岸勢力の一部と連携して葛城氏との対決を続けてきたが、最後はかつて葛城氏の配下にあった蘇我氏と手を結ぶことによって、この問題を解決したのであった。

有明海沿岸勢力との決裂

以後、政権内における蘇我氏の存在が高まっていくのと対照的に、それまで提携関係にあった有明海沿岸勢力と継体政権の関係は揺らいでいったようにみえる。それを物語るのが、「六世紀前半のある段階になって突然宇土半島産の石棺を持ち込むことは中止になり、地元産の二上山白石製の、ないしは竜山石製の南大和型家型石棺へと変換を余儀なくされる」（高木氏）という現象だ。

このことと磐井の乱の勃発は不可分の関係にあろう。端的にいえば宇土半島産すなわち阿蘇産の馬門ピンク石の畿内持ち込みが中止になったのは、磐井の乱が原因とみられる。それまで提携関係にあった継体支持勢力と有明首長連合は、継体の大和定着の直後に磐井の乱によっていったん決裂した。その影響で阿蘇産のピンク石の輸送も突然中止になったものと思われる。

ただこの推測にはひとつの反証がある。それは、今城塚古墳に阿蘇ピンク石を使った石棺が含まれる事実だ。継体が崩じたのは、磐井の乱の鎮圧からわずか三年ないし六年後のことである。継体崩御のあとも一定期間阿蘇産の石材が畿内に運ばれていたということになれば、磐井の乱は石材の移動に影響はしていないことになるだろう。

これについては、継体が生前のうちに自らの御陵造営を進め、石棺用に阿蘇ピンク石を畿内に運ばせたあとに、磐井の乱が勃発したとする解釈と、阿蘇ピンク石に葬られたのは継体ではなく磐井の乱勃発以前に亡くなったその近親（妻や子）で、その数年後に継体が崩御した際に今城塚に合葬されたとの解釈が可能であろう。

前者の説の場合、継体は生前――とりわけ磐井の乱勃発以前――に調達された阿蘇ピンク石製の石棺に葬られ、二上山白石と竜山石製の石棺とには後に亡くなった二人の近親が葬られていることになる。後者の説では、継体が崩ずる以前――しかも磐井の乱以前――に彼の近親が亡くなり、阿蘇ピンク石の棺に葬られてどこかに仮埋葬され、その後、継体が崩じて今城塚に埋葬される際に合葬されたことになる。その場合、継体は二上山白石か竜山石の石棺に埋葬されていることになろう。

この問題は、阿蘇ピンク石の畿内流入がストップするのが六世紀前半の厳密に何年ごろか、それが磐井の乱より前か後か、あるいは継体の崩御より前か後かが分明でないために、解釈が難しいところである。ただ、二上山白石が、阿蘇ピンク石の畿内持ち込みが中止になったのと入れ替わるように採用されているのは確かなようだ。

阿蘇馬門ピンク石と二上山白石の共存

興味深いのは、一つの古墳内に馬門のピンク石と二上山白石の二つの石棺が葬られている例が三つ（別所鑵子塚古墳・東乗鞍古墳・円山古墳）、今城塚古墳の例を合わせると四つもあることだ。これは何を意味しているのだろうか。

既に間壁《まかべ》忠彦氏も述べているように、この事実は二つの石棺材が「連続性」「整合性」をもちながら変化したものであって、決して対立するような性格をもつものではなかったことを示唆しているのだろう。たしかにある時期に馬門のピンク石から二上山白石へと交替しているのだが、それは後者が前者を駆逐したわけではなく、比較的スムーズな移行であり、二種の石棺に葬られた被葬者が同じ系列に属することを示しているのである。磐井の乱の余波で阿蘇産の石材が入手できなくなったために、畿内の首長たちは二上山の白石を使うようになった、というのが真相ではないだろうか。

それにしても、二上山といえばかつて反継体勢力の代表であった葛城氏の本拠地にそびえる山だ。葛城氏の衰退と蘇我氏との提携によって、継体は磐余玉穂宮遷都を実現し、初めて大和盆地全体を掌握することができた。とすれば、二上山白石の採用は継体の葛城平定の象徴として実行されたのではないだろうか、との憶測も浮かんでくる。

有明海沿岸勢力の半島進出

有明海沿岸地域の勢力の半島への渡海については、これを当時の王権すなわち継体の指令のもとに派遣されたとする見方と、この勢力の主体的な意思で海を渡ったとする見方とがある。栄山江流域の十三基の前方後円墳の被葬者は九州の豪族であり、継体が当時の百済王武寧王を軍事支援するためにこの地に派遣したのだとする福永伸哉氏は、前者の考えである。

一方、和田晴吾氏は「半島の『前方後円墳』は、政治的拡張をめざす九州勢力が、ヤマト王権の意志とは別に、独自に半島南西部勢力と連合関係を結んだ結果と考えられる。ヤマト王権はたえず安定した力を誇っていたわけではないのである」という。また「この時期の九州勢力の古墳要素の拡散は、古墳時代には他に例を見ない地方文化の大規模な拡散であり、それは九州勢力の積極的な拡張政策の反映に他ならない」と評価する。そして九州、なかでも有明海沿岸の首長連合が、「王権の動揺期」において「急速に勢力を強め、独自に各方面へと勢力を拡大した」とみる。

大王の指令による渡海か、彼ら自身の主体的な意思による渡海かで、その評価もずいぶん異なるが、私が強調したいのは、どちらにしても彼らはいやいや半島へ渡ったのではないということだ。

かつて藤間《とうま》生大《せいた》氏は、磐井の乱を「度重なる大和朝廷の朝鮮出兵に動員搾取されてきた西日本人民の不満が爆発したもの」と論じた。近年も山尾幸久氏は、対新羅戦に備えて大加羅国が要請した援軍派遣に応諾した継体が九州に出した「徴兵命令」に対し、「迷いに迷った」磐井が「命令を拒否」して抵抗した戦いだったという見方を示している。

しかし、朝鮮半島への外征あるいは外交派遣は、豪族たちにとって先進文明に触れ、これを摂取するチャンスであって、歓迎こそすれ、不満のもとになるようなことではなかった。中央の指令でなく自らの意志で渡海する豪族もいたに違いない。だからこそ、彼の地に定着してしまう倭人も少なからずいたのだろう。

事実『日本書紀』には、磐井と同族の筑紫君一族が、磐井の乱後も朝鮮半島で活動していたことを示す記事がある。

「欽明紀」十五年十二月条、百済の王子余昌《よしょう》が、新羅攻撃を図るが苦戦し、父の聖明王は敵に捕らえられ、殺されてしまう。余昌自身も敵軍に囲まれ、身動きが取れなくなってしまった。この苦境を救った弓の名手として「筑紫国造」という人物がみえる。

この「筑紫国造」の名前は何と言うのかわからない。しかし筑紫君磐井の一族であることは間違いなく、世代から言えば磐井の子どもであっても不思議はない。記事は「欽明紀」十五年条だから、磐井の乱の後なのであるが、その後も半島に留まり独自の活動をしていた者がいたのである。

連携と緊張

雄略は、伽耶や百済との国際的なパイプをもつ有明海沿岸勢力の力を利用しながらも、彼らの首長連合がさらに結束を強め、拡大化することを警戒していた。彼が江田船山古墳の被葬者に広帯二山式冠を与え、また破格の内容をもつ銘文付大刀を与えたのは、この有明海沿岸の首長連合の本拠地と目される八女・久留米地域のちょうど背後にあるからだった。有明首長連合を構成する首長たちをある意味で分断し、その結束を妨害するのが狙いだったとみられる。馬門ピンク石を畿内にとり入れた継体は、こうした政策を引き継いでいたようだ。

事実、「筑後国風土記」逸文の伝承によれば、磐井は「俄かに官軍動発し、襲はむとする間、勢い勝たざるを知り、独り自ら豊前国上膳県に遁げ」たと伝える。彼は北から押し寄せてきたに違いない「官軍」に対して劣勢を自覚しても、なぜか南へは退却せず、山々を越えて東北方にある豊前国へ逃げたという。なぜ南へ退かなかったのか。南には王権の息のかかった江田船山古墳の被葬者（肥君）の後継者がいたからだろう。

かつて井上辰雄氏は、「火君は磐井に加担せず、中立を保っていたか、あるいは磐井が形勢不利とみるや、最終的には朝廷側についてしまったのではないだろうか」と推測した。これは、六世紀に入って南肥後の氷川流域の野津古墳群（肥君の本拠地）などが発展していく現象から推定されたものだが、確かに肯けるところだ。

前著で私は、「磐井が先に兵を動かしたのではなく、戦いを仕掛けたのは大和政権の軍」であり、「磐井の乱とは、磐井を盟主とする北部・中部九州勢力が独自の首長連合を形成しようとしたことに対する大和政権の反応」であったと書いた。磐井が中央に対して積極的に「独立」や「反乱」を企てて「挙兵」したわけではないとの推論だった。

磐井の乱は、たしかに有明海沿岸地域を中心に九州北部・中部を巻き込んだ大きな軍事衝突であった。しかし考古学の成果を併せ考えると、有明首長連合に属するこの地の首長たちは、必ずしも一枚岩となって大和政権の軍と対したわけではなかった。もともと四、五世紀以来大和政権との政治的つながりがあったことが、その要因だろう。

葛城地域を制圧し大和盆地を完全に支配下に置いた継体朝の新しい政権は、もはやこれ以上有明海沿岸の地方勢力が国際的なパイプを拡大し、先進文化をとり入れ、強大化していくのを許容できなかったに違いない。磐井の乱を鎮圧した後、大和政権は九州北部に朝廷の直轄地である屯倉を多く設置し、より直接的な支配を進めていった。栄山江流域の前方後円墳が、継体朝末期の六世紀前半ころをもって終焉するのも、これと連動した動きと捉えたい。

第七章　百済文化と継体天皇

隅田八幡宮人物画像鏡

隅田八幡宮人物画像鏡

継体と百済の武寧《ぶねい》王とに密接な同盟関係が結ばれていたという説については、これまで何度も触れてきた。二人の関係を示唆する貴重な同時代の文献史料として指摘されているのが、和歌山県隅田《すだ》八幡《はちまん》神社所蔵の人物画像鏡の銘文である。そこには約四十八の文字が記されているが、解読が難しい字も多く、扱いにくい史料ではある。

癸未年八月曰十大王年男（孚）弟王在意柴沙加宮時斯麻念長奉遣開中費直穢人今州利
二人尊所白上同二百桿所此竟

（癸未《きび》の年八月、曰十《をそ》大王の年、男《お》（孚《ふ》）弟《と》王、意柴沙加《おしさか》宮に在《いま》す時、斯麻《しま》、長く奉《つか》えんと念《おも》い、開中費直《かいちゅうのあたえ》・穢《え》人今州利《ひといますり》の二人の尊を遣して白《もう》す所なり。同二百桿《かん》を上め、此《こ》の竟《かがみ》を作る所なり）

［山尾幸久氏・坂元義種氏の釈文を参考にした］

癸未年の干支が記されたこの銘文は、これまで西暦四四三年とする説と五〇三年とする説とがあったが、近年では鏡の型式等から五〇三年とする説が優勢となってきている。五〇三年といえば、継体が即位する四年前だ。

銘文にはおおよそ「男(孚)弟王」が「意柴沙加宮」にいた時に「斯麻」が「長奉」(長く奉仕すること)を「念」じて「開中費直」と「穢人今州利」(いずれも朝鮮半島の人名らしい)の「二人」を「遣」し、この「鏡」を作らせたといった内容がみえる。山尾幸久氏は、「曰十大王」が仁賢天皇、「男(孚)弟王」が「男大迹王」すなわち継体天皇、「斯麻」が「斯麻王」すなわち百済の武寧王であり、即位前夜の継体が「意柴沙加宮」(大和国の忍坂宮)にいた時に、百済王即位直後の武寧王が、継体に長く奉えることを誓ってこの銅鏡を贈ったと解釈している。継体が即位する前から二人は同盟関係を形作っていたとみるのである。

武寧王の墓

武寧王の墓は、韓国で一九七一年に発見されている。忠清南道公州《ちゅうせいなんどうこうしゅう》市の宋山里《そうざんり》古墳群にある武寧王陵である。直径二〇メートルの円墳で、棺とその周辺から三面の鏡、金製冠飾り、耳環、銀・金銅製履、環頭大刀その他の副葬品が発見された。被葬者が明らかになったのは誌石が発見されたからで、そこには以下のように記されていた。

寧東大将軍百済斯麻王年六十二歳癸卯年五月丙戌朔七日壬辰崩到乙巳年八月癸酉朔十二日甲申安厝登冠大墓立志如左

「癸卯年五月」というと、五二三年。このとき六十二歳だったという。「斯麻《しま》王」という名は、『三国史記』に武寧王の諱《いみな》として「斯摩王」として記され、『日本書紀』武烈四年条にも「斯麻王」という名が記されている。武寧王という名は死後奉られた諡号《しごう》（贈り名）で、生前は「斯麻（摩）王」と呼ばれていたのだ。

ちなみにこの古墳から出土した銅鏡と同じ鋳型で鋳造された同型の鏡が、滋賀県野洲《やす》市の三上《みかみ》山の麓で見つかっている。恐らく近隣の甲山古墳や林ノ腰《こし》古墳に副葬されたものであろう。どちらも継体とつながりの深い首長が被葬者とみられる。この鏡が百済から贈られたものなのか、あるいは倭から百済に贈られたものなのか、学界でもまだ議論が続いている。ただ鏡を媒介にした外交が倭と百済の間で行われていたことは確認できるだろう。福永伸哉氏は、「国内の基盤がなお弱い」継体が、「百済との国際関係をみずからの政治権力強化のために利用することは意味のあること」であると述べ、同様のことが武寧王の側にもあって、互いに連携を必要としていたのではないか、と考えている。

武寧王の九州出生伝承

驚くべきことに、武寧王が九州の「各羅島《かから》」で生まれたという伝承が『日本書紀』に残されている。雄略天皇五年四月条と、武烈天皇四年是歳条とである。そこには、雄略五年に当時の百済の蓋鹵《こうろ》王が、弟の軍君《こにきし》（琨支《こんき》王子）を倭国に使者として派遣する際、身ごもった自分の妃を与え、こう指示したという。

我が孕《はら》みし婦《おみな》、既に産月《うみづき》に当たれり。もし路にして産《う》まば、冀《ねが》はくは一船に載せ、至らむ随《まにま》に何処なりと速く国に送らしめよ。

（私の身ごもった妃は、既に産み月を迎えている。もし道中で出産したなら、その子を母親と同じ船に載せ、いずこなりと行った先から急いで国に送らせせよ）

言葉通り、妃は倭国で子供を出産した。それが「筑紫各羅嶋《つくしかからじま》」であったという。現在の佐賀県唐津市鎮西《ちんぜい》町加唐島《かからしま》だといわれている。生まれた子供は王の指示通り、すぐさま百済へ返されたというが、この伝承は『日本書紀』に掲載されるばかりで朝鮮や中国側の史料には一切残されていない。このため信用に値しないという見方もあろう。ただ一概に否定しえないのは、これが『日本書紀』とはいっても「武烈紀」では「百済新撰に云ふ」として掲載されていることである。

「百済新撰」は「百済記」・「百済本記」と共に『日本書紀』のなかにたびたび引用される書物で、現在はまとまっては残っておらず、『日本書紀』の中に引用されたものでしか読むことはできないのだが、著者は七世紀末に日本に亡命してきた百済人たちではないかと、言われている。内容は百済の歴史というより、倭と百済の外交史といった趣きが強い。『日本書紀』の外交記事というのは、実はその多くをこうした書物に依拠して記されている。だから武寧王の「筑紫各羅嶋」出生伝承というのも、決して日本だけの勝手な主張ではなく、少なくとも七世紀の百済には伝えられていた伝承だったのである。

また武寧王陵から発見された王と妃の遺体を納めた木棺は、日本でしか生息しない高野《こうや》槙《まき》（スギ科の常緑高木）で作られたものだった。このことも、武寧王と倭国の間に無視できない関係があったことを示しているように思う。

倭国と百済の関係

倭国では雄略朝にあたる四七五年のこと、半島北部の高句麗が南下して百済の都、漢城《かんじよう》（今のソウル）を攻撃した。その結果、百済の蓋鹵王、王后、王子らが殺され、このとき百済はいったん滅んだ。ただ辛くも都を逃れた蓋鹵王の子の文周《ぶんしゆう》王が、都を熊津《ゆうしん》に移して百済を復興した。『日本書紀』はこれを倭の支援によるものと記すが、他書にはこうした所伝は見えない。

その後、四七九年に末多《また》王（東城王）が即位する。これも他書にはみえないけれども、『日本書紀』によれば彼は即位の直前まで倭国に滞在していたという。「雄略紀」二十三年条、百済で文斤《もんこん》王が亡くなり、末多王（東城王）が本国に帰ってそのあとを継ごうとしたとき、雄略はこれを支援して送り出した。そして、

筑紫国の軍士五百人を遣して国に衛送す。

とある。倭国が百済の新しい王の後ろ盾であることを、筑紫の兵五百人を授けることで内外に示したのだった。しかし『日本書紀』の引用する「百済新撰」によると、この末多王は暴虐な政治で人心を失い、追放される。

百済末多王、無道にして百姓に暴虐す。国人共に除《す》てて武寧王を立つ。諱《いみな》は嶋王といふ。

（百済の末多王が人の道に反し、百姓に暴虐なことをした。国の人々は共に末多王を排除して武寧王を立てた。武寧王の実名は嶋王という）

こうして武寧王が即位した。それにしても、復興後の百済の王権もかなり不安定だったことが察せられる。

雄略が亡くなって以後、倭と百済の外交はしばらく疎遠になっていたらしい。『日本書紀』の紀年によると、雄略が亡くなった年から二十五年間、百済からの朝貢は途絶えている。武烈六年十月に百済から「麻那君《まなきみ》」という人物が久々に倭に派遣されてきたが、倭は長らく朝貢が途絶えたことに不快感を示した。そこで百済は改めて「百済国主之骨族《やから》」という高位の人物を派遣し、倭を懐柔したとある。こうした記事からすると、雄略が推進した百済との連携は、彼の死後しばらくは継承されなかったようだ。これは大王でいうと、清寧・顕宗・仁賢・武烈の時代にあたる。

任那割譲問題

継体朝になると、倭国は親百済の外交に戻っていくようにみえる。継体六年、百済から「任那国上哆唎《おこしたり》・下哆唎《あるしたり》・娑陀《さだ》・牟婁《むろ》」の四県の割譲を請う使者がやってきたとある。これら四県はもともと倭国の所有であるが、倭からは遠く百済には近いから百済にお譲りいただきたい、というのである。「哆唎国守穂積臣押山《くにのみこともちほづみのおみおしやま》」がこれを奏上し、大連大伴金村が賛成し、決定した。

この「任那国上哆唎・下哆唎・娑陀・牟婁」の四県がどこに当たるのか、古くから議論があるが、古代朝鮮史が専門の田中俊明氏の近年の推測では、上哆唎・下哆唎＝栄山江東岸、光州の霊巌など、娑陀＝咸平・茂長、牟婁＝栄山江西岸、霊光・務安など、すなわち朝鮮半島の西南部、「栄山江流域を中心としてそこから少し広がる範囲」とされる。同氏

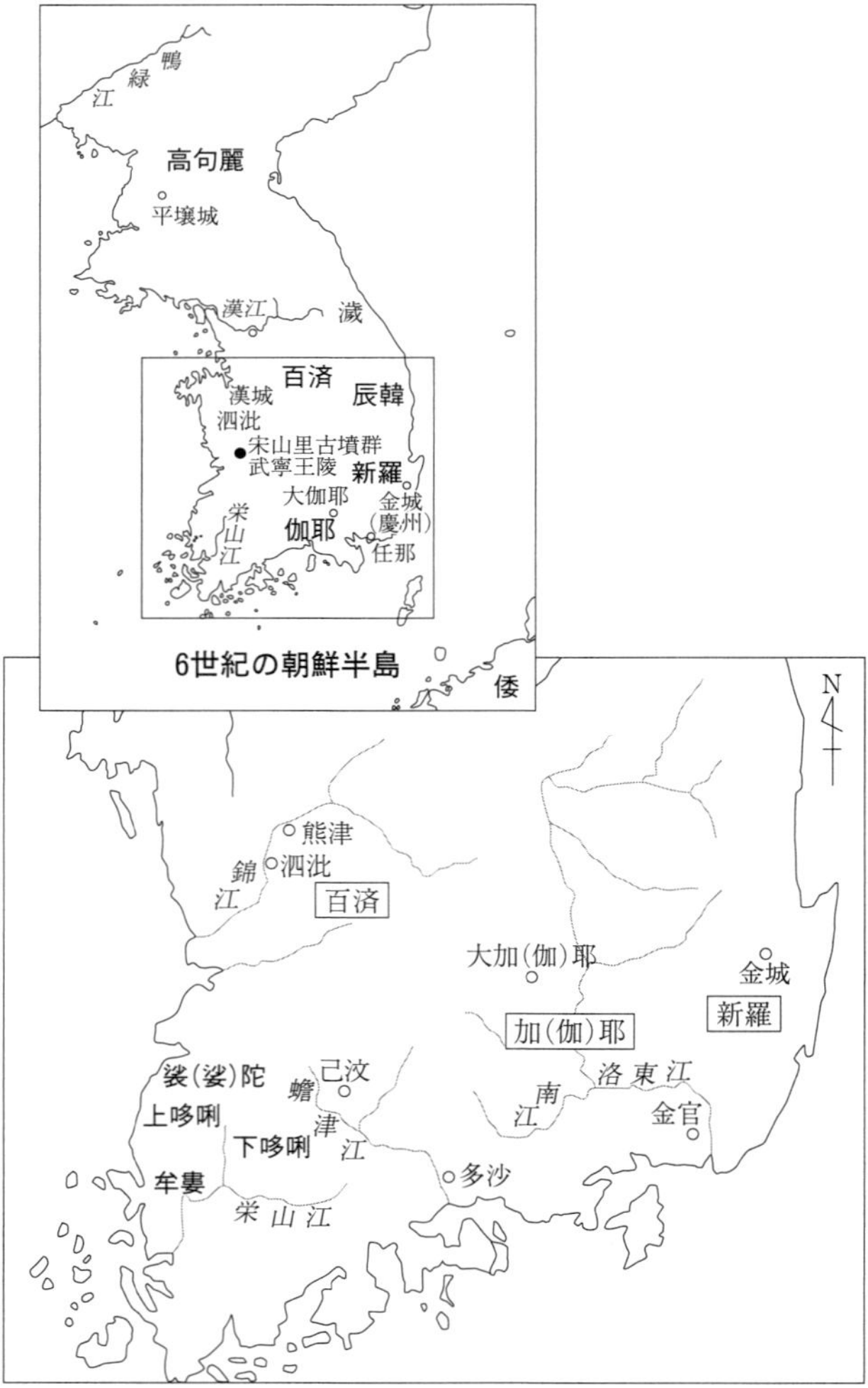

田中俊明説による任那４県位置図

の見解では、実際は倭がこの地に領有権をもっていたわけではなく、百済が「熊津遷都後、長い時間をかけて領有するに至った」のを倭が「援助」し、「後押し」したに過ぎないという。四県割譲の翌年、百済は再び倭に使者を送り、第二の要請をする。

奏して曰く「伴跛《はへ》国、臣が国、己汶《こもん》の地を略奪す。伏して天恩を請ひて判《ことわ》りたまひ、本属に還さんことを。」

（奏上して曰く「伴跛国は、臣が国の領土である己汶の地を略奪しました。どうか天皇の恩によってご判断いただき、本国に返還してください」）

伴跛国というのは、伽耶のうちの一国で、田中氏の推測ではこれは大伽耶国のことだという。この国が、百済の領内にある「己汶の地を略奪」した。そこで倭の助力を得て、ぜひ奪い返したいと要請しているのである。ただこれも田中氏によれば、実際は己汶の地は伽耶に属しており、百済の領内にあるというのは偽りであるという。要するに、百済の己汶への侵攻を承認するよう倭に求めてきたのだというのである。

『日本書紀』は、倭がこれをうけて百済、新羅、安羅、伴跛の代表者を招集し、「己汶と帯沙《たさ》の地を以って百済に賜」った、と記す。倭が関係国間の調停を行い、この地を百済に与えることに決めたと記すのだが、伴跛国はあきらめたわけではなかった。彼らも倭に使者と珍宝を献上し、外交攻勢をかけた。

伴跛国、戢支《しゅうき》を遣して珍宝を献り、己汶の地を乞ふ。而《しか》れどもつひに国を賜らず。
（伴跛国は、倭国に戢支を派遣して珍宝を献上し、己汶の領土を乞うた。しかしながらついにこの国を賜うことはできなかった）

倭は伴跛国ではなく、明らかに百済の味方をしたのだ。これが原因で伴跛国は、倭国恃《たの》むに足らずと悟り、今度は新羅に接近しようとする。しかし新羅もまた領土的な野心を抱いていることが発覚し、新羅と伴跛国の戦いが展開するという混迷した状況に陥っていく。

こうして百済・新羅に狙われる伴跛国など伽耶諸国は、次第に追い詰められていった。そのような情勢のなかで、倭は伽耶よりも百済寄りの立場をとるようになる。栄山江流域の前方後円墳が、百済支援のため継体によって派遣された有明海沿岸の豪族たちの墓である、という福永氏の説は、こうした見方とたしかに整合するようにもみえる。

倭がこうした親百済の外交政策を採用した背景には何があったのか。

五経博士の来日

『日本書紀』は、四県割譲の記事の翌年、継体天皇七年六月条に、百済が倭国に五経博士《ごきょうはかせ》を送った事実を伝えている。五経博士とは五経、すなわち『書経《しょきょう》』（『尚書《しょうしょ》』）、『易経』（『周易』）、『詩経』（『毛詩《もうし》』）、『春秋』、『礼記《らいき》』という儒学の古典を教授する学者のことだ。ちなみに『書経』（『尚書』）は、虞《ぐ》・夏《か》・殷《いん》・周《しゅう》四代の帝王の事績を記した中国最古の記載文学、『易経』（『周易』）は万物の変化について説く占いの書、『詩経』（『毛詩』）は各地の民間歌謡や祭典の舞歌などを集めた中国最古の詩選、『春秋』は周代後期の歴史を記した史書、『礼記』は中国古代において社会生活上守るべきとされた制度、儀式や作法等（礼）をまとめた書物である。これらを講ずる学者が百済から倭国に送られた。そこにはもちろん国際政治の背景がある。

百済、姐弥文貴《さみもんき》将軍・州利即爾《つりそに》将軍を遣はして、穂積臣押山に副《そ》へて、「百済本記に云はく、「委《わ》の意斯移麻岐弥《おしやまきみ》」といふ。」五経博士段楊爾《だんように》を貢る。別に奏して云はく、

「伴跛《はへ》国、臣が国、己汶《こもん》の地を略奪す。伏して願はくは、天恩ありて判《ことわ》りたまひ本属に還したまはむことを」

（百済が、姐弥文貴将軍・州利即爾将軍を遣わして、穂積臣押山に付き添わせ、「『穂積臣押山』のことを『百済本記』は、『委の意斯移麻岐弥』と表記している。」五経博士段楊爾を貢上した。別に奏上して、「伴跛国が、私の国である己汶の地を略奪しました。伏してお願いしますには、どうか天皇の御恩によってご判断いただき、本来属する百済に還していただきますように。」と申し上げた）

百済が姐弥文貴将軍・州利即爾将軍を派遣し、穂積臣押山に付き添わせて五経博士段楊爾を貢いだという。これは倭が四県割譲を認めてくれたことへの見返りである。さらにこのとき百済は、伴跛国によって略奪された己汶の奪還への協力を倭に依頼している。倭が要請に応じたことは先に記したとおりだ。

三年後の同十年九月条には五経博士の交代を示す記事がある。

百済、州利即次将軍を遣はして、物部連に副へて来て、己汶の地を賜りしことを謝す。

別に五経博士漢高安茂《かんのこうあんも》を貢り、博士段楊爾に代へむことを請ふ。請《こい》の依《まま》に代ふ。

（百済が、州利即次将軍を派遣して、物部連に付き添わせて来朝させ、己汶の地を賜わった謝礼を述べに来た。これとは別に五経博士漢の高安茂を貢上し、博士段楊爾と交替させるよう要請した。倭は、要請の通りに従った）

「己汶の地」を獲得できたことへの感謝とともに、百済は倭に再び五経博士を「貢」いだのである。こうした経緯から知られるように、百済の伽耶への進出を承認し、後押しした見返りとして倭が得たのは、五経博士であった。

中国から半島を経て日本へ

五経博士の始まりは紀元前一三六年、漢の武帝が儒学者董仲舒《とうちゅうじょ》の献策を容れて『書経』（『尚書』）、『易経』（『周易』）、『詩経』（『毛詩』）、『春秋』、『礼記』、それぞれの専門の博士五人を選び、宮廷で講義をさせたことにある。これは後世、儒教が中国の支配的な教えとなるうえで大きな画期になったと評価されている。その後、この制度は途絶えていたが、学芸の振興に熱心だった南朝の梁《りょう》の武帝が天監四年（五〇五年）に国学を設立し、五経博士にその教授を担当させたことによって復活した。

百済から倭国に送られた五経博士も、もともと百済にいた学者ではなく、中国から来た学者であった。当時の百済が梁に学者の派遣を要請し、招き入れたのである。

『梁書』儒林伝の「陸詡《りくう》」という学者の伝記に以下のようにある。


陸詡、少《わか》くして崔霊恩《さいれいおん》より三礼義宗《ぎそう》を習う。梁の世、百済国表して礼を講ずる博士を求む。詔して詡をして行かしむ。

（陸詡は、若いころより崔霊恩から「三礼義宗」を習った。梁の御世に、百済国が上表して礼を講義する博士を求めた。皇帝は詔して、詡を百済に行かせた）


当時の梁を代表する学者が請われて百済に派遣されたこと、百済は特に「礼」を学ぶ目的を持っていたことが右の所伝から知られる。

『梁書』百済国伝には以下のようにある。


中大通六年、大同七年、累《かさ》ねて使を遣して方物を献ず。併せて涅槃経《ねはんぎょう》等の経義、毛詩博士、併せて工匠、画師等を請う。勅して並びに之を給す。

（中大通六年〈五三四年〉と大同七年〈五四一年〉に南朝の梁に使者を送り、涅槃経や毛詩博士〈詩経の博士〉、工匠、画師などの下賜を願い出て賜った）

百済は、洗練された南朝文化の摂取に最も熱心だった国である。梁に学者の派遣を要請したのもその一環であった。こうして自国に招いた貴重な学者を、百済は倭国に贈った。倭国に来た五経博士の名が、初代は段楊爾、二代目は高安茂といずれも中国人の名前であるのもそのためである。

もちろんそれまでにも大陸から多くの人々が倭国に渡ってきて、大陸の様々な文化を伝えたことはあった。しかし半島ではなく中国から、しかも五経博士ほどのインテリがこの国にやってきたことは今までなかった。このことはやはり日本の文化史上画期的な出来事だったといわなければならない。

その後、「欽明紀」十四年六月条に交代要請の記事が見える。このときは「医博士・易博士・暦博士等」の来朝と「卜書・暦本・種々薬物」の将来が要請されている。

新羅・高句麗との戦いのなかで倭に援軍を要請する百済に対し、欽明天皇は内臣に「良馬二匹・同船二隻・弓五十張・箭《や》五十具」を持たせて派遣した見返りに、「医博士・易博士・暦博士等」の交代と、新たな「卜書・暦本・種々薬物」の献上を求めた。

要請を受けて実際に百済から新任の博士らが来朝したのは、翌年の「欽明紀」十五年二月のことだった。ここには新任の五経博士、僧侶を始め「医博士・易博士・暦博士等」の名前が記されている。百済は援軍を要請する代わりに、倭の求めに応じて人質や学者を大幅に交替した。このとき交替したのは、人質の貴族、五経博士、僧、易博士、暦博士、医博士、採薬師（薬草などの専門家）、楽人（音楽家）であった。

五経博士の献策

わざわざ中国に依頼して自国に招いた貴重な五経博士を、百済は惜しむことなく倭国に送った。しかし、倭国にとってみれば、数千、数万の援軍を送った見返りがわずか数人の五経博士というのでは釣り合いがとれないのではないか、という疑問を読者は抱かれるかもしれない。

かつて井上光貞氏は、「大和朝廷は、百済の領土拡大に大きな譲歩を示すのとひきかえに、五経博士の交替派遣を武寧王からとりつけたのであって、継体朝の大和朝廷がいかに大きな代価をはらって大陸の学問・文芸を吸収しようとしたかをうかがうことができよう」と述べた。当時の倭が領土的な譲歩をしてまで「大陸の学問・文芸」を欲しがったのはどうしてだろうか。

欽明朝に倭が百済に要請したもののうち、「医博士・易博士・暦博士等」は実用的な知識をもつ人々であるが、こうした人々と比べると五経博士の役割は今ひとつ明らかではない。そこで考えられるのは、五経博士も医博士・易博士・暦博士や楽人らと同様、何らかの具体的・実学的な知識をもたらすことで、倭国の朝廷に貢献したのではないか、ということである。

漢の武帝の時代に初めて置かれた五経博士は、儒教の教官であるとともに皇帝の諮問に応じ、民政の教化にもあたったとされる（『冊府元亀』学校部総序）。のちのことではあるが、大化改新政権で「国博士」に任命された僧旻《そうみん》と高向玄理《たかむこのくろまろ》も、国政の諮問と政策の立案にあたった。こうした例からすると、継体朝から欽明朝に数度にわたって百済から来朝した五経博士の役割も、これと同じようなものだった可能性があるのではないだろうか。

このように私が考えるのは、実際に継体・欽明朝ころの倭国で実施された政策の中に、直接百済から影響を受けたとみられるものがいくつもあるからだ。その中には、五経博士が政府に献策したものが含まれているのではないか。いくつか例を挙げてみよう。

「氏」名の成立

元来の倭人の名前は、個人名だけであった。中国史書の倭人伝の卑弥呼・壱与《いよ》・卑弥弓呼《ひみここ》、難升米《なんしょうまい》などほとんど個人名だけで、氏の名前はない。金石文でも、五世紀後半の埼玉県稲荷山古墳の辛亥《しんがい》銘鉄剣では、意冨比垝《おほひこ》から乎獲居臣《おわけのおみ》まで、そこに氏の名前はない。同時期の江田船山古墳大刀銘文にも牟利弖《むりて》、伊太和《いたわ》とあるように、氏の名は記されていない。すべて個人名だけだ。氏の名が記されているのは、「張安」とある渡来人だけで、この名前は明らかに中国人の名前である。したがって、五世紀末の雄略朝ころには渡来人以外には未だ氏の名前は存在しなかったことがわかる。

では大伴とか物部とか蘇我といった氏の名前は、いつごろから出来たのか。氏の名が記された最古の確実な史料は、島根県松江市で一九八四年に発表された岡田山1号墳大刀の「各田卩臣《ぬかたべ》」（額田部臣）と書かれた六世紀後半の銘文である。また『日本書紀』欽明二年七月条に「百済本記に云ふ。加不至費直《こうちのあたえ》」や、「百済本記に云ふ。烏胡跛臣《いくはのおみ》」とあり、これらに信を置くならば、欽明朝にはすでに氏の名が称されていたことになる。

これらの史料を勘案すると、氏の名前というものは雄略朝にはまだ存在せず、継体朝から欽明朝ころに成立した可能性が高いことが察せられよう。

日本でも五世紀には、倭の五王は「倭」という姓を名乗っていた。しかしこれはあくまで中国向けの外交上のものにすぎない。かつて平野邦雄氏は、「わが氏姓の成立」は、五世紀後半ころ「百済から輸入されたとするのが適当ではあるまいか」とし、「なぜなら百済において貴人姓が一般化するのはその時期と思われるからである」と述べた。阿部武彦氏も、「継体欽明朝ころわが国の人の名を記すにあたって、百済からの影響が相当あったのではないか」と述べている。たしかに新羅では姓の発生は遅く、王室においては六世紀半ば、貴族では七世紀半ばとされるが、百済では貴族層でも五世紀後半ころには成立していたと推定されている。

倭の姓が百済から「輸入」されたことを示すもうひとつの証左として、「物部」「大伴」「蘇我」「中臣」などと二字姓が多いことを挙げておきたい。今もそうだが中国では古代から「劉」や「李」、「王」、「毛」といったように一字姓が一般的だ。これに対して古代の百済では「木劦《もくら》」「姐弥《そみ》」「再曾《さいそ》」「古尓《こに》」といった二字姓（複姓）が多い。このことを指摘した坂元義種氏は、「日本の二字姓・二字表記は、百済の影響を受けた可能性がある」とする。

これからしても、日本で氏の名を称するようになったのは六世紀初めころ、百済から影響を受けた可能性の高いことが推定できるであろう。

「伴」から「部」へ

大王から「氏」を名乗ることを許されたのは、あくまで大和政権を構成する、大王に服属した氏族に限られていた。こうした氏族は、祖先から子へと代々、一定の職能を継承することによって大王に奉仕した。それは例えば王宮の警備のための出仕であったり、軍事力や労役の奉仕であったり、あるいは玉とか埴輪とかの手工業品や食材の貢納であったりした。これらの仕事を行う集団を「伴《とも》」といい、これを率いる長を「伴造《とものみやつこ》」という。

こうした制度が雄略朝にはすでに定着していたことが、埼玉県稲荷山古墳の辛亥年鉄剣銘文からうかがえる。この銘文は、獲加多支鹵《ワカタケル》大王＝雄略天皇の時代（四七一年）に書かれたものだが、そこにはこの剣を作った乎獲居臣《おわけのおみ》の祖先が、「世々《よよ》杖刀《じょうとう》人の首《おびと》として奉事して今に至る」と明記されている。「杖刀人」とはおそらく大王の宮の警備にあたる職務であろう。その「首」として、乎獲居臣の祖先は代々にわたり大王に仕えてきたのだ。雄略朝の段階では、こうした集団を「〜人」と呼んだり、「〜トモ」と呼んだりしていたわけである。

これが継体朝から欽明朝ころに、「〜部」と呼ばれるようになる。先ほど挙げた六世紀後半の岡田山1号墳の大刀銘には、「各田卩臣」（額田部臣）とあった。また欽明天皇の皇子に「石上部《いそのかみべ》皇子」、「穴穂部《あなほべ》皇子」、「泊瀬部《はつせべ》皇子」といった名前が見え始めるのも有力な証左となる。そこでこれを部民制と呼んでいる。

かつてはこうした「トモ」から「部」への変化に従来とは異なる質の転換を見出す傾向があったが、実際は鎌田元一氏が言うようにそこに異質の原理が現れたわけではなかった。「部制とは極論すれば、各種のトモの組織を「部」字でもって称しただけのこと」にすぎないのであり、「『トモ』といい『べ』といい、両者は本来字訓と字音とによる呼称の相違にすぎず、なんら異なる実体を指し示すものではない」。実態は、「王権に従属する中央・地方の諸豪族が王権の承認のもとに一定範囲の人民を所有し、それを前提として王権に対して各種の奉仕義務を負うという体制」（鎌田元一氏）であった。

ではなぜそれまでの「トモ」や「人」から「部」へと名称を変更したのか。そもそも「部」という語は百済から輸入したものであった。『周書』百済伝に以下の記述がある。

各部司、衆務を分掌す。内官に前内部、穀部、肉部、内掠部、外掠部、馬部、刀部、功徳部、薬部、木部、法部、後宮部有り。外官に司部、司徒部、司空部、司寇部、点口部、客部、外舎部、綢部、日官部、都市部有り。

ここに列挙されている「部」とは、百済の官司組織を示す語であった。戦前の今西龍の研究によれば、それは聖明王代に都城を上中下前後の五部に配し、同時に貴族の家を都城区画の五部に割り当て、大姓八姓の上に部名・官位を冠して呼ぶようになったものが始まりだという。たとえば「欽明紀」二年七月条の百済官人の人名表記をみてみよう。

前部奈《な》率《そち》鼻《び》利《り》莫《まく》古《こ》（前部＝部、奈率＝官位、鼻利＝複姓、莫古＝名）

こうした表記の仕方を学んだのが、倭国の「部」の始まりであろうと思われる。実態としては大和王権の統治方式に大きな変革があったわけではないのだが、百済風の名称を導入しようとする意図を看取することができるだろう。そうした辺りに筆者は氏の名の成立と同様の事情をみる。

先に見たように、「氏」と「トモ」とは不可分の関係にあった。その両者がいずれも六世紀の前半ころに百済の制度を取り入れ、「氏の名」が成立し、トモが「部」と呼ばれるようになった。文献史料に明示されているわけではないけれども、これらは継体朝に来日した五経博士の献策によるものではないかと私は推測する。

和風諡号と殯宮儀礼の成立

この時期に百済の制度や文化を取り入れて始まったことは他にもある。亡くなった天皇に捧げる贈り名、すなわち和風諡号《わふうしごう》である。和風諡号の成立については、和田萃氏による的確な研究がある。氏は、和風諡号の献呈は殯宮儀礼の一環として行われたことを明らかにし、初めて和風諡号を献呈されたのは、安閑・宣化朝ころの可能性が高いとみている。歴代天皇の名前について、逐一『記・紀』が区別しているわけではないが、実際には生前の名前と、没後に命名された贈り名（諡号）とがある。たとえば、
広国押武金日《ひろくにおしたけかなひ》天皇（安閑天皇）・武小広国押盾《たけおひろくにおしたて》天皇（宣化天皇）・天国排開広庭《あめくにおしはらきひろにわ》天皇

（欽明天皇）

これらの名前は、美称に満ちたもので、死後に贈られた贈り名（和風諡号）である可能性が高い。しかしその直前の

億計《おけ》天皇（仁賢天皇）・小泊瀬稚鷦鷯《おはつせのわかさざき》天皇（武烈天皇）・男大迹《おおど》天皇（継体天皇）

といった名前は、シンプルで彼らの生前の実名とみて差し支えない。和田氏はこうした根拠から、継体天皇の次の安閑天皇、宣化天皇のあたりで和風諡号の献呈が始まったことを推定した。同氏によると、諡号は中国では後漢の末（二世紀後半）に用いられるようになり、朝鮮では百済が早く、次いで新羅でも始まった。

新羅の史書『三国史記』によると、百済では五〇一年に没した牟大《むだい》王に東城王、五二三年に没した斯麻王に武寧王という諡号が献上されている。また新羅では、五一四年に没した智証麻立干《ちしようまりつかん》に智証という諡号が献呈されている。倭国で諡号が付けられるようになったのは、おそらくこれらの影響からであろう。これも五経博士の献策に依る可能性が高いと

私は考える。

諡号の献上は、通例、葬儀の場において為された。荘重に執り行われる殯宮儀礼の一環としてその最後に誄《しのびごと》が読み上げられ、そして和風諡号が献上された。殯宮儀礼とは、人の死後、埋葬までの間、遺体を棺に入れて霊魂の復活を祈る中国古来の儀礼である。古代の日本でもこれとよく似た固有のモガリの儀礼が古くから行われてきたが、百済を通じて中国の影響を受け、より盛大なものになっていったに違いない。諡号の献上もその過程で行われるようになったのだろう。

和田氏は、

百済から五経博士が招かれて礼に対する関心が高まり、王権の威信を示すため、大王の殯宮儀礼を整備し盛大なものとしたのであろう。そして、安閑の崩御後に初めて和風諡号を献呈する儀礼が始められたのである。

と述べている。たしかに五経博士が葬儀の中国化を図り、具体的に関与した可能性は十分あるだろう。

日嗣と帝紀

この点でもう一つ注目したいのが、殯宮儀礼の一環として行われる「誄《しのびごと》」の奏上において、歴代大王の系譜が読み上げられたらしいことである。

これを示しているのが、「持統紀」二年十一月条の天武天皇の殯《もがり》の記事である。

乙丑、布施朝臣《あそん》御主人《みうし》・大伴宿禰御行《みゆき》、遞《たがいに》進みて誄《しのびごと》す。直広肆《じきこうし》当麻《たいま》真人《まひと》智徳《ちとく》、皇祖《こうそ》等《ら》之騰極次第《のとうぎよくのしだい》を誄《しのびごと》奉《たてまつ》る。礼なり。古《いにしへ》には日嗣云《ひつぎといふ》なり。畢《おわ》りて大内陵に葬る。

（乙丑、布施朝臣御主人と大伴宿禰御行が、交互に進み出て誄を申し述べた。直広肆当麻真人智徳が、皇祖らの即位の次第を誄として申し述べた。これは礼の一部である。古には日嗣と言った。これが畢って大内陵に葬った）

二年二カ月にわたって行われた天武の殯の最後、「大内《おおうち》陵」への埋葬の直前に、当麻真人智徳という人物が「皇祖等之騰極次第《とうぎよくのしだい》」を誄した。これについて、『日本書紀』の原註は「礼也」と注し、「古に云日嗣《ひつぎ》」と説明している。亡き天皇の殯で唱えられた「皇祖らの即位の次第」を、かつては「日嗣」と呼んでいたというのである。
この「日嗣」という語は、「皇極紀」元年十二月条の舒明天皇の殯の記事にもみえる。

乙未、息長山田公《おきながやまだのきみ》、日嗣を誄し奉る。
（乙未、息長山田公が日嗣を誄として申し述べた）

ここでも亡き天皇の殯の場で、「日嗣」＝「皇祖らの即位の次第」が口頭で唱えられたのであろう。「日嗣」という語は、『古事記』の序文にも見えている。

阿礼《あれ》に勅語して帝皇日継《ていおうひつぎ》及び先代旧辞《せんだいきゅうじ》を誦習《ずしゅう》せしむ。

天武天皇が稗田阿礼に命じて、「帝皇日継」（＝帝紀）と「先代旧辞」（旧辞）を誦習（漢字を日本語の音声で読み、幾度も口に馴らして暗誦し記憶すること）させたというのである。
この時点では既に「帝皇日継」（＝帝紀）は文字化しており、それも諸家の賷《もて》る所の帝紀及本辞、既に正実に違い、多く虚偽を加ふ。

と『古事記』の序文にあるように、諸家（諸氏族）が自分たちに都合のいいように虚偽を加え、正しい事実と異なってしまっているとされている。これを正すのが、天武天皇が企てた『古事記』編纂のそもそもの動機だった。

帝紀の筆録

では、そもそも口頭で歴代天皇の殯において読み上げられていた「日嗣」を初めて文字に起こして記録化したのはいつごろ、誰だったのだろうか。のちに『古事記』や『日本書紀』の原資料になっていく帝紀を最初に筆録したのは誰であろうか。

すでに津田左右吉をはじめ武田祐吉、坂本太郎、井上光貞なども考察しているように、帝紀は、歴代大王の名前・宮の所在・后妃の名前・皇子女の名前・御陵の所在、それに即位の経緯に関する簡単な伝承などを含み、旧辞は朝廷に伝わる古い神話・伝承など物語的な内容のものとみられる。そしてこれらが書物として最初にまとめられたのは、おそらく継体・欽明朝ころであろうと推測されている。

その筆録者としてまず浮上するのが、第一に当時の倭国において卓越した文字能力を有していた渡来人であろう。これは、江田船山古墳大刀銘文の筆者が「張安」という中国人の名前であること、朝廷の書記官である「史《ふひと》」の姓が、倭漢氏《やまとのあやうじ》の一族にあたる文直《ふみのあたえ》や、百済から渡来したという王仁《わに》の後裔氏族の文首《ふみのおびと》ら、渡来人によって占められていたことによっても証されるであろう。六世紀代の倭国において、漢字を自在に用いて口承伝承であった「日嗣」を記録化できる能力をもったのは、渡来人しかいないとみられる。

第二に、渡来人のなかでも中国文化に慣れ親しんだ文化的背景をもつ者だったと推測される。それは、「帝紀」、「帝王本紀」といった書名に表れている。本来「帝紀」とは、『漢書』の「高帝紀」から「平帝紀」に至る、十二代の帝王たちの事績を編年体で記した部分である。また「本紀」とは、『史記』の歴代帝王の事績を記した部分のことである。

橋川時雄氏によれば、『史記』の「本紀」は「帝王の業績がその時代の歴史の大本になっているという意味」の命名で、『漢書』の「帝紀」は「堯・舜の帝徳を継いだ神聖な王朝という意をこめて」いるという。日本の「帝紀」、「帝王本紀」を編纂した人物がこのことを知らなかったとは考えられない。この書名は、史書の模範とされたこの二書に倣って命名されたとみるべきであろう。

帝王本紀の文章

第三に、「欽明紀」二年三月条にある「帝王本紀」の記事に注目したい。帝王本紀とは帝紀の別称とみられる。欽明天皇の複数の后妃とその所生の皇子女を列挙した記事の後に、注のようにしてこの文章は記されている。

帝王本紀に多く古字有りて、撰集の人、屢遷易《しばしばせんえき》を経たり。後人《こうじん》習読のとき、意を以て刊改《かんかい》し、伝写既に多くして、遂に舛雑《せんざつ》を致し、前後次《つぎて》を失ひて兄弟参差《しんし》なり。今、則ち古今を考覈《こうかく》して、その真正に帰す。一往に識り難きは、且《しばら》く一に依りて撰びてその異を注詳す。他も皆此れに効《なら》へ。

（帝王本紀には多く古字が有り、撰集した人はしばしば変わった。後の人が読み習うにあたり故意に削り改め、伝写が既に多いために遂に錯乱を致し、前後の順序を失い、兄弟も入り混じっている。今、古い所伝と新しい所伝を検討し、その正しい姿に戻した。もっぱら判断の難しいものについては、とりあえず一つを選び、異伝を注記した。他も皆これに倣うように）

そこには『日本書紀』の編者が、古い「帝王本紀」の取扱いに苦慮したことが率直に記されている。但し右の文章は、次に挙げる唐の顔師古《がんしこ》注の『漢書』叙例の文から構文したものであることが明らかにされている。

漢書旧文、多く古字有りて、解説の後、屢遷易を経たり。後人習読のとき、意を以て刊改す。伝写既に多く、いよいよ更に浅俗なり。

（漢書の旧文には多く古字が有り、解説の後に、しばしば変わった。後の人が読み習うにあたり、故意に削り改め、伝写が既に多いために、いよいよ浅薄になっている）

確かに両者は極めてよく似ており、『日本書紀』編者が顔師古注の『漢書』叙例を典拠にして書いたことは間違いない。しかし似ていながらも違うところもある。それは、

帝王本紀に多く古字有りて、撰集の人、屢遷易を経たり。

（帝王本紀には多く古字が有り、撰集した人はしばしば変わった）

というくだりである。帝王本紀を「撰集」した人は、たびたび「遷易」(交代)したのである。『漢書』叙例を典拠にしながらも、この表現は『日本書紀』独自のものである点を見逃してはならない。

継体・欽明朝ころに倭国において漢文の書記能力に優れ、中国の史書や古典に通暁しながらも、たびたび交代したといえば、どういった人々が考えられるであろう。五経博士はその第一に挙げられるのではないであろうか。

五経博士が帝紀・旧辞の編纂に加わっているのでは、という推測は先に塚口義信氏によって示されている。塚口氏は、『記・紀』のもとになった〝原帝紀〟の成立年代を欽明朝に置く見解を示し、その根拠のひとつとして、『古事記』下巻のヒツギの伝承に儒教思想が色濃くまつわりついていることを挙げている。氏は、継体・欽明朝に百済から来日した五経博士について触れ、「史書の編纂に当たってはこうした博士たちに負うところ、決して少なくなかったと考えられるから、〝原帝紀〟の物語に儒教思想が影響を及ぼしていたとしても、とくにいぶかるほどのことはないのである」と述べている。

もちろんそれまで口承で伝えられてきた帝紀を正しく筆録するには、漢字・漢文の能力とともに、十分な日本語の能力も必要とされる。渡来後間もない日本語には不慣れな五経博士だけでこれを完成させるのは難しく、在来の渡来人や倭人などもこの作業に加わっていたと見た方がより正しいだろう。あるいは五経博士が日嗣の記録化を大王に提案し、これが採用され、五経博士と在来の渡来人や倭人によって具体的な筆録が進められていったのではないかとも思う。

終章　継体天皇とは誰か

文字による統治の始まり

前章では、氏の名、部という呼称、和風諡号の創始、殯宮儀礼の整備、帝紀の編纂をとりあげ、これらが百済の派遣した五経博士が関わった政策である可能性について論じてきた。ここで挙げた以外にも五世紀末から六世紀初めころの倭国には、百済あるいは中国南朝の文化や制度を摂り入れたと思われる現象がいくつかみられる。

たとえば考古学において指摘されている、畿内における横穴式石室の導入、多量の須恵器の石室内への副葬、金銅製の装身具や武具の副葬などで、これらの中にも或いは五経博士の献策によるものもあるのかもしれない。この点は慎重に考えなければならないが、これら中期古墳から後期古墳への転換といえる諸現象を、白石太一郎氏は「東アジア世界のなかでも独自の、きわめて個性的な存在であった日本の古墳が東アジア化する現象」と捉えている。

たしかにこれらの現象は、それまで東アジアではやや異質であった倭国の文化が、中国を中心とする東アジア文明のなかに参入し、いわばグローバルな文化を構築していこうとする志向の表れとみていいだろう。従来の巨大な前方後円墳のような視覚によって権威・権力を示す段階から、文字に表された氏の名前や、文字化された大王の系譜や伝承（＝帝紀）や、文字で先王の業績や人となりを表現した諡号などによって権威や権力を示す段階への飛躍がこのころ起きたようにみえる。巨視的にみれば、それらは「礼」の導入であり、文字による統治、文字化された精神文化への道を志向したものであったということができよう。

こうした潮流は、継体朝以前の雄略天皇の時代ころから既に始まっていたことであったが、これを大きく促進する役割を五経博士は果たした。これを決断した継体は、半島における権益をあえて百済に譲り、その代償に彼らを招いた。

その背景には、当時勢力を伸ばしていた九州、特に有明海沿岸勢力への対抗意識があったと私は思う。盛んに半島に進出し、その先進文化を摂取するこの地域の勢力に、当時の大和政権はいささか圧され気味であった。五経博士の来朝は、畿内の勢力が文化先進地域としての地位を回復するための外交政策でもあったに違いない。その後、磐井の乱を経て九州の石棺材はもはや畿内には採用されなくなり、政権中枢から地方勢力は排除された。大和政権は、百済から招いた五経博士の勧める文明化政策を推進し、また蘇我氏とその配下に居た渡来人と提携することによりこれを進展させていった。

継体天皇とは誰か

このような政策を推進した継体天皇とは一体どういう人物だったのか、改めて考えてみる必要があるだろう。当時の政治の中心である大和・河内から離れた近江湖北の出身で、若狭、越前、美濃、尾張などを基盤として、物部氏や大伴氏、和邇氏、阿倍氏ら中央の非葛城系豪族の支持を受けて即位し、九州有明海沿岸の諸豪族とも政治的つながりを持っていたこの人物。彼の国際的な開明性や親百済政策は、或る面では雄略を継承したものといえる。半島において活躍し帰国した各地の首長に広帯二山式冠や捩り環頭大刀を与えて評価したこと、秦氏など渡来人を重用したこと、旧勢力の代表ともいえる葛城氏に厳しい姿勢で臨んだことなども、雄略の政策を引き継いだものと言えるだろう。

もちろん二人には違いもある。それは継体が遠い傍系の出自で、地方から現われ政権を掌握した人物だというところにある。元来政権の中枢にいた人物ではない。しかし中央が混迷するなかで、地方にいたからこそ実力を蓄えることができた。刮目すべきは先にも述べたその国際的な開明性が、地方に永年居た彼に備わっていたことである。どこからこうした相貌が生じてきたのか。

彼の故郷高島にはもともと渡来人が暮らしていた。またそこから若狭へ出る道は近い。若狭には秦氏がいたし、そこから半島へ雄飛した十善の森古墳などの被葬者とみられる若狭国造（のちの膳臣）がいた。その若狭は、日本海経由で九州有明海沿岸地域と結ばれ、海外に開かれていた。若狭の勢力も江田船山古墳に代表される有明海の勢力も、半島での活動がめざましかった。こうした人々との結びつきが継体にはあった。

半島に渡っていた？

継体の前半生は杳としている。幼いころ父を亡くし、以後母の実家のある越前三国で育てられ、以来五十七歳までそこに居たように『日本書紀』は記す。しかし姻戚関係から察せられるように、実際は近江を拠点に越前や尾張などに幅広く滞在していたと私は推定する。文献から辿れるのはそこまでだが、歴史家としての想像を慎重に交えるならば、彼はもっとスケールの大きい国際的な活動をしていたのかもしれない。

本書で私は、広帯二山式冠や捩じり環頭大刀を与えられた十善の森古墳の被葬者や江田船山古墳の被葬者たちは、自ら半島に渡り活躍していた人たちであろうと考えた。そうであるならば、これらと同じく豪華で国際性豊かな副葬品を備えた鴨稲荷山古墳の被葬者に同様の渡海経験があったとしても不思議はないだろう。

豊富な金銅製品で知られるこの古墳だが、高橋克壽氏はこのうち環頭大刀や金製耳飾などの金工品や楕円鏡や杏葉は舶載品、金銅製の装身具については国産品であろうとしている。これより一段階あとの山津照神社古墳の金銅製品に関してはほぼ国産品ばかりだというから、そこには時代の差だけでなく、両者の在外経験の差が現われているように思う。

第四章で、私はこの古墳の被葬者に継体の長男の大郎子皇子を当てた。これが当たっているかどうかは読者の評価に委ねたいと思うが、いずれにせよ継体と極めて近い間柄の親族が葬られていることは疑いない。

その彼が半島へ赴いたのであれば、継体その人もかつてこの人物と共に半島に渡った経験があったと考えて不思議はないのではないか。いささか大胆な推測と思われるかもしれないが、継体もまた帰国首長の一人だったのではないか。

近江の王族が海外に派遣された例は他にもある。少しのちのことではあるが、欽明紀三十二年条に「坂田耳子郎君《みみこのいらつきみ》」を新羅に使いさせたという記事、これと同一人物かもしれないが敏達紀十四年条には「坂田耳子王」を任那復興のために派遣しようとしたという記事がある。豪族まで枠を広げれば、最初の遣隋使小野妹子、最初の遣唐使犬上御田鍬《みたすき》など、近江の豪族が渡海した記事は数多い。

王族の海外派遣ということでいえば、敏達天皇六年に大別王《おおわけ》という王族（出自は不明）が使者として百済に派遣されたという記事もある。

大和政権の命で外征に赴いたのか、使者として赴いたのか、あるいは自らの意志で渡海したのかは定かでないけれども、鴨稲荷山古墳の被葬者と即位前の継体が五世紀後半ころ、共に半島へ渡り、特に百済と交わりを結んで帰国した可能性を私は思う。

この推測は私が最初ではない。先に鈴木靖民氏が「五世紀後半、倭王の指揮・命令の下に百済や伽耶での軍事に従った倭人は少なくな」いとし、「磐井や即位前の継体も外征に参加した可能性がある」と述べている。ただ、鴨稲荷山古墳に武具はあっても甲冑はないことからすると、彼には武人的性格は薄い。これは継体にもあてはまるのではないか。「外征」の可能性は少ないように思う。

継体と武寧王の厚誼

前章の冒頭に、和歌山県隅田《すだ》八幡《はちまん》神社所蔵の人物画像鏡を、五〇三年に武寧王が即位前の継体に贈ったものとする見解のあることを紹介した。

そこに記されてあったのは、「男《お》（孚《ふ》）弟《と》王」が「意柴沙加《おしさか》宮に在った時」に「斯麻《しま》」が「長奉」を「念」じて「開中費直《かいちゆうのあたえ》」と「穢《え》人今州利《ひといますり》」の「二人」を「遣」し、この「鏡」を作らせたといった内容であった。

継体が居たという「意柴沙加宮」は大和国の忍坂《おしさか》宮であるが、忍坂は現在の桜井市の忍坂で、ここは継体の曾祖父意富富等王の妹で、允恭天皇の皇后だった忍坂大中姫の宮があったところである。継体には父祖ゆかりの地と言ってよい。ここにいた即位前の継体に対し、百済王に即位した直後の武寧王が、長く奉えることを誓って贈られた銅鏡だというのである。


近年支持を集めているこの読み方についていくつかの疑問点があり、自らの見解の提出を躊躇してきた。それは第一に、百済の王が倭の「男（孚）弟王」に対し、自らを「斯麻王」ではなく「斯麻」と称し、謙譲的な名乗りをしていることの不可解さ、第二に「意柴沙加宮」という大和国の具体的な地名を挙げていることから、銘文は倭国内で書かれたに違いないこと、第三に百済王が所謂カウンターパートナーであるはずの倭国王ではなく即位する前の継体に、しかも「長く奉」えることを誓って銅鏡を贈ることの不可解さである。

近年福永伸哉氏がこの銅鏡の特徴からこれが中国でも倭国でもなく朝鮮半島で鋳造された可能性を指摘したが、もしこれが正しいとして「男（孚）弟王、意柴沙加宮に在す時」という到底倭国内にいなければ書けない銘文と、どう結び付けて考えればいいのか、難しい問題である。

そもそもこれが武寧王から継体に贈られたものだとして、海を隔てて遠い距離にある二人が何をきっかけにこれほどの篤い同盟関係を結ぶに至ったのかがわからない。武寧王が佐賀県各羅嶋で生まれたという伝承を信じるとしても、生まれてすぐ百済へ行っているのである。長く倭国に滞在したわけではない。

ただ先にも触れたように、継体十七年に亡くなった武寧王の棺は、日本にしか生息しない高野槇《こうやまき》で作られていた。これなどは一豪族ではなく、時の倭国王が百済王の死を悼んで贈ったものと捉えるのがふさわしいように思う。ただし、武寧王の訃報を聞いてから日本で高野槇の木を切り海を越えて運ぶようでは、埋葬までとても間に合わないと吉井秀夫氏はいう。王の生前から日本の高野槇を調達する手はずがついていた、ということのようだ。

高野槇は、武寧王陵だけでなく陵山里《りょうざん》古墳群・益山《えきざん》大王墓出土の棺材にも使われている。

いずれも百済王族の墓とされていることから、この木材を「百済王ないし王族と推定される人々が独占していた可能性がある」と吉井氏は言う。高野槙は日本でも木棺の部材として多く用いられている。岡林孝作氏の研究によると、現在その植生は「長野県南部から岐阜県東部以西の西日本に多く、かつ九州から山陰にかけての日本海側にはみられない」。しかもこれを木棺の部材に用いた古墳は、近畿とその周辺（滋賀・岐阜・三重・愛知・岡山）にほとんど集中しており、この地域の古墳時代前〜中期の木棺の約九割、後期でも六世紀末までは約八割を高野槙が占めるという。武寧王などの御陵の木棺の部材として、高野槙を供給したのはやはり継体朝の政権そのものであったことは疑いない。

近江の三上山の麓で見つかった武寧王陵と同型の鏡の存在も、詳細は不明ながら両者の関係を裏書きする。これらの鏡が百済から伝えられたのか、逆に倭から百済に伝えられたのか、いずれにしても鏡をめぐる交流が倭と百済、継体と武寧王の間で進められていたことは確かであろう。

倭国からは百済王族の木棺の材料となる高野槙が贈られ、銅鏡とその製作工人の交流が両国の間に行われていた。継体が一貫して採用してきた百済寄りの外交も、彼と武寧王との個人的な同盟関係を背景にして考えたほうが理解しやすいだろう。隅田八幡宮人物画像鏡についての疑問点は措くとしても、武寧王と継体との間に協力関係があったことは否定しがたいように思う。

隅田八幡宮人物画像鏡銘文の、武寧王のほうがへりくだりすぎのように見える言葉も、彼と「男（孚）弟王」との間に直接的な親交があったと考えれば、不思議はないのかもしれない。墓誌と『日本書紀』雄略五年条によれば、武寧王は四六一年の生まれ、継体も第二章の考察によればほぼ同年代だが、やや年上であったかと思われる。

東アジアにおける継体

継体の父彦主人王は、それまで定着していた近江国坂田郡から琵琶湖の対岸高島郡に居を移した。本拠地に残った兄たちの一族ではなく、本来分家ともいえる新天地に移った彼の息子が次代の盟主となりえたのは、若狭から半島、また九州有明海に通ずる地の利が影響しているに違いない。当時の外交・国際ルートであったこの地域に進出したことが、継体一族の飛躍につながったのだと私は思う。継体自身の即位前の渡海があったかどうかは措くとしても、おそらく鴨稲荷山古墳の被葬者とその一族は、十善の森古墳に葬られた若狭国造（のちの膳氏）や筑紫君、江田船山古墳の被葬者らと同様、朝鮮半島に渡り、そこで百済などの先進文明に触れる機会もあったのだろう。そうしたところから、継体を支持する勢力のつながりが広範囲に形成されていった可能性もあるだろう。

ただ在外経験があるにしては、継体の外交政策は稚拙だという人もあるだろう。彼がいわば自らの名代として任那に送り込んだ近江毛野臣の外交は、高圧的な態度で朝鮮諸国に臨んだために反感を買い失敗に終わった。五経博士を得る見返りに任那四県割譲などで百済に領土的な譲歩をしたが、こうした親百済政策はその死後、批判を受けることになった。たしかに百済の思惑にうまく利用されてしまったようにもみえる。

それでもなお継体が重視したのは、「礼」を導入して中国を中心とする東アジア文明のなかに参入し、他の東アジア諸国と同質の、グローバルな文化を構築していこうとする目標であった。いささかおくれをとりかけていた九州の豪族たちから挽回して、大和政権から発信して文明化政策を推し進めていくことだった。これは確かに成功した。

継体朝以後の大和政権で、そうした役割を中心的に担っていったのは蘇我氏である。磐井の乱によってそれまで提携関係にあった九州有明海沿岸勢力と決裂した代わりに、継体朝の政権は葛城氏の権益を継承する蘇我氏との結びつきを強めていった。そして大王を中心に大伴氏・物部氏・蘇我氏ら中央の有力豪族を中心とした合議制による政権運営が始まる。中でも蘇我氏とその配下にある倭漢氏や西文氏《かわちのふみうじ》、また秦氏らが、たとえば仏教の導入などを推進し、大和政権主導の文明化を牽引していった。五経博士の導入はその前提ともいえる政策であり、本書で考えてきたところからすれば、これは継体その人にしかできない政策であったともいえるのではないか。

あとがき

この十余年のうちに継体天皇をめぐる研究の状況も随分変わったように思う。最も大きな変化は考古学からのアプローチが質量ともに各段に進展したことで、今やこの分野の主役は文献史学から、考古学を中心とした研究へと交代した感さえある。

『古事記』『日本書紀』以外には史料がそれほど多くあるわけではない文献史学に対して、年々新たな発掘成果が生み出され、データが積み重ねられていく考古学は今後も豊かな可能性を有している。十二年前に著した『謎の大王　継体天皇』は主に筆者の専門である文献史学からアプローチしたものだったが、本書ではできるだけ考古学の成果を取り入れ、これを『記・紀』の語るところと突き合わせ、考え得たことをまとめた。

学界ではかねてより文献史学と考古学の協同の必要ということが叫ばれており、もとより互いの交流も盛んに行われている。ただ互いの成果を自説に都合よく利用するだけでは、この言葉も画餅に帰してしまうことになるだろう。また一口に考古学といってもジャンルは多彩で、古墳についてだけでも、埴輪・須恵器・棺・石室・鏡・馬具・甲冑・大刀・装身具・冠、また墳形と、さまざまな要素がある。さらに近年では朝鮮半島の古墳など海外の考古学の成果も学ぶ必要があり、優れた考古学者であっても一人でこれらの情報すべてに精通することは難しい。

筆者は専門的な考古学の手ほどきを受けたことがなく、したがって遺物や遺跡を見る（鑑定する）目は持ち合わせていない。ただできるだけ現地に足を運ぶこと、論文その他から吸収した近年の膨大な考古学の成果を自分なりに咀嚼し、これを文献から行った自らの考察と突き合わせ、総合化し、できるだけ客観的な歴史像を構築していくことしかできない。その格闘の結果が本書である。どこまで成功しているかはわからないが、読者諸賢のご批判を俟ちたいと思う。

前著『謎の渡来人　秦氏』発行から、早いもので三年半ほど経過した。この間、恩師の龍谷大学名誉教授日野昭先生、そして日本書紀研究会代表で関西大学名誉教授の横田健一先生が逝去された。日野先生と横田先生には学生時代からこのうえなくお世話になった。拙い内容ではあるが、先生方のご霊前に、本書を捧げたいと思う。

本書をまとめるにあたっては、多くの同学の先生にお世話になった。特に滋賀県高島市の古代史フォーラムでお世話いただいた白井忠雄さん、宮崎雅充さんほか高島市の関係者の皆様、計四回のシンポジウムに出席していただいた塚口義信先生、坂元義種先生を始めとする諸先生方に感謝の意を表したいと思う。また一昨年に三重県の古墳を案内してくださった高松雅文さん、湖北の古墳を案内してくださった辻川哲朗さん、昨年末熊本の古墳や遺跡を案内してくださった高木恭二さんには、ひとかたならぬお世話を賜った。ここに深甚の謝意を表するとともに、本書に対して厳しいご批判を乞いたいと思う。

最後に、このたびお世話になった文春新書編集部の松下理香さん、そして、日ごろお世話になっている堺女子短期大学の関係者の方々に感謝の意を表したい。

二〇一三年六月

水谷千秋

参考文献

第一章

森田克行『今城塚と三島古墳群』（同成社、二〇〇六年）・『よみがえる大王墓 今城塚古墳』（新泉社、二〇一一年）／読売新聞西部本社・大王のひつぎ実験航海実行委員会編『大王のひつぎ海をゆく　謎に挑んだ古代船』（海鳥社、二〇〇六年）／白石太一郎『古墳とヤマト政権』（文春新書、一九九九年）・「葛城地域における大型古墳の動向」（『古墳と古墳群の研究』塙書房、二〇〇〇年）／塚口義信『ヤマト王権の謎をとく』（学生社、一九九三年）・「馬見古墳群と葛城氏」（古代を考える第五九号「馬見古墳群と葛城氏の検討」二〇〇一年）／岡田精司「継体天皇の出自とその背景～近江大王家の成立をめぐって～」（『日本史研究』第一二八号、一九七二年）／朴天秀『加耶と倭』（講談社選書メチエ、二〇〇七年）／福永伸哉「継体王権と韓半島の前方後円墳」（大阪大学文学研究科『勝福寺古墳の研究』二〇〇七年）

第二章

大橋信弥『継体天皇と即位の謎』（吉川弘文館、二〇〇七年）／加藤謙吉「文献史料から見た継体大王」（大阪府立近つ飛鳥博物館編『継体大王の時代』二〇一〇年）／荊木美行『記紀皇統譜の基礎的研究』（汲古書院、二〇一一年）／宮崎雅充「安曇川流域における首長墓の動向～鴨稲荷山古墳出現の背景～」（『堀田啓一先生古稀記念献呈論文集』二〇〇四年）・「湖西首長墓の研究I～田中神社保管の須恵器について～」（「淡海文化財論叢」第一輯、二〇〇六年）／高島古代史フォーラム2「継体天皇と田中古墳群」（二〇〇八年十一月二十九日）／高島古代史フォーラム4「継体天皇千五百年の謎～継体の生誕地・高島から探る～」（二〇一〇年十月三十一日）／高島市教育委員会編「田中古墳群分布測量調査報告書」（二〇一三年）

第三章

宮成良佐・森口訓男「豪族と古墳」（『長浜市史1　湖北の古代』一九九六年）／塚口義信『ヤマト王権の謎をとく』／高橋克壽「湖北の後期前方後円墳の動態」（京都大学文学部考古学研究室編『琵琶湖周辺の6世紀を探る』一九九五年）／森下章司「息長古墳群の変遷と特質」（大手前大学史学研究所オープン・リサーチ・センター、近江町教育委員会編『定納古墳群』二〇〇五年）／辻川哲朗「長浜市垣籠古墳の再検討」（同志社大学考古学シリーズ8『考古学に学ぶII』二〇〇三年）・「米原市村居田古墳の再検討」（「滋賀県文化財保護協会紀要」第一九号、二〇〇六年）・「近江の須恵器系埴輪」（「淡海文化財論叢」第一輯、二〇〇六年）／東影悠「近畿地方における尾張型埴輪の様相」（『勝福寺古墳の研究』）

第四章

高松雅文「継体大王期の政治的連帯に関する考古学的研究」（「ヒストリア」第二〇五号、二〇〇七年）・「捩じり環頭大刀と古墳時代後期の政治的動向」（『勝福寺古墳の研究』）／毛利光俊彦「日本古代の冠～古墳出土冠の系譜～」（『文化財論叢』同朋舎出版、一九九五年）／上林史郎「冠と履」（大阪府立近つ飛鳥博物館編『黄泉のアクセサリー』二〇〇三年）／吉井秀夫「朝鮮半島の冠」（『琵琶湖周辺の6世紀を探る』）／森下章司・吉井秀夫「6世紀の冠と沓」（『琵琶湖周辺の6世紀を探る』）／京都帝国大学文学部考古学研究室『近江国高島郡水尾村の古墳』（一九二三年）／松浦宇哲「三葉文楕円形杏葉の編年と分析」（『勝福寺古墳の研究』）／朴天秀『加耶と倭』

第五章

狩野久「御食国と膳氏」（『日本古代の国家と都城』東京大学出版会、一九九〇年）／中司照世「若狭の古墳」（福井県立若狭歴史民俗資料館編『若狭地方主要前方後円墳総合調査報告書』一九九七年）・「五世紀のヤマト政権と若狭」（「つどい」第二五四号、二〇〇九年）／入江文敏「若狭・越地域における古墳時代の実相」（『古墳時代の実像』吉川弘文館、二〇〇八年）・「十善ノ森古墳の研究（一）」（『勝部明生先生喜寿記念論文集』二〇一一年）／熱田公編『若狭秦家文書』（「京都大学文学部博物館の古文書」第2輯、思文閣出版、一九八八年）／『寝屋川市史』（一九九八〜二〇〇八年）／大阪府立近つ飛鳥博物館編「馬と渡来人」（二〇〇六年）／中村修『乙訓の原像』（ビレッジプレス、二〇〇四年）／清水みき「文献から見た乙訓の古代豪族」（向日市教育委員会編『物集女車塚古墳』一九八四年）／福永伸哉「畿内北部地域における前方後円墳の展開と消滅過程」（大阪大学大学院文学研究科『西日本における前方後円墳消滅過程の比較研究』二〇〇四年）／高橋照彦「猪名川流域の古代氏族と勝福寺古墳」（『勝福寺古墳の研究』）／都出比呂志「古墳時代首長系譜の継続と断絶」（『前方後円墳と社会』塙書房、二〇〇五年）／丸川義広「京都盆地における古墳群の動向」（『田辺昭三先生古稀記念論文集』二〇〇二年）・「山城の渡来人」（『ヤマト王権と渡来人』サンライズ出版、二〇〇五年）／豊嶋直博「武器・武具からみた井ノ内稲荷塚古墳と物集女車塚古墳の被葬者の被葬者像」（大阪大学大学院文学研究科『井ノ内稲荷塚古墳の研究』二〇〇五年）／荒川史「宇治二子塚をめぐって」（宇治市教育委員会編『継体王朝の謎 うばわれた王権』河出書房新社、一九九五年）

第六章

白石太一郎『考古学からみた倭国』（青木書店、二〇〇九年）・『古墳と古墳群の研究』（塙書房、二〇〇〇年）・「葛城の二つの大王墓～顕宗陵と武烈陵の問題～」（「大阪府立近つ飛鳥博物館館報」一四、二〇一一年）／山尾幸久『筑紫君磐井の戦争』（新日本出版社、一九九九年）／高木恭二「阿蘇石製石棺の分布とその意義」（『継体大王と越の国』福井新聞社、一九九八年）・「西九州古墳文化とその特質」（『古代日本の異文化交流』勉誠出版、二〇〇八年）・「菊池川流域の古墳」（「国立歴史民俗博物館研究報告」第一七三集、二〇一二年）／柳沢一男「九州における首長系譜の変動と有明首長連合」（「継体大王と6世紀の九州」、二〇〇〇年）・「韓国の前方後円墳と九州」（『古代日本の異文化交流』）／朴天秀『加耶と倭』／福永伸哉「いわゆる継体期における威信財変化とその意義」（『井ノ内稲荷塚古墳の研究』）／和田晴吾「畿内の石棺」（『継体大王と越の国』）・「古墳文化論」（『日本史講座』第一巻、東京大学出版会、二〇〇四年）・「今城塚古墳と九州勢力」（高槻市教育委員会編『継体天皇の時代』吉川弘文館、二〇〇八年）／藤間生大『日本民族の形成』（岩波書店、一九五一年）／井上辰雄『火の国』（学生社、一九七〇年）／小田富士雄「筑紫君磐井の乱と火（肥）君」（石棺文化研究会編『大王の棺を運ぶ実験航海～研究編～』二〇〇七年）／間壁忠彦

『石棺から古墳時代を考える』（同朋舎出版、一九九四年）

第七章

山尾幸久『日本古代王権形成史論』（岩波書店、一九八三年）・『古代の日朝関係』（塙書房、一九八九年）・『筑紫君磐井の戦争』／坂元義種「文字のある考古学史料の諸問題」（『ゼミナール日本古代史』下、光文社、一九八〇年）・「古代東アジア史における武寧王」（「龍谷史壇」第一二五号）／井上光貞『飛鳥の朝廷』（小学館、一九七四年）／吉村武彦『古代天皇の誕生』（角川選書、一九九八年）／平野邦雄『大化前代社会組織の研究』（吉川弘文館、一九六九年）／阿部武彦『氏姓』（至文堂、一九六〇年）／鎌田元一「大王による国土の統一」（『日本の古代6　王権をめぐる戦い』中央公論社、一九八六年）・「部民制の構造と展開」（塙書房『律令公民制の研究』二〇〇一年）／和田萃「殯の基礎的考察」（『日本古代の儀礼と祭祀・信仰』上、塙書房、一九九五年）・「和風諡号の成立と皇統譜」（『ゼミナール日本古代史』下）／田中俊明「継体大王時代の対外関係」（『継体大王の時代』）／今西龍「百済五方五部考」（『百済史研究』近沢書店、一九三四年）／橋川時雄「解説」（『漢書』上、筑摩書房、一九七七年）／小島憲之『上代日本文学と中国文学』（塙書房、一九六二年）／塚口義信「〝原帝紀〟成立の思想的背景～「帝紀」「旧辞」論序説～」（「ヒストリア」第一三三号、一九九一年）／川西広幸『同型鏡とワカタケル』（同成社、二〇〇四年）

終章

鈴木靖民『倭国史の展開と東アジア』（岩波書店、二〇一二年）／福永伸哉「考古学からみた継体政権」

（高槻市立今城塚古代歴史館編『三島と古代淀川水運Ⅱ』二〇一一年）／高橋克壽「金工技術から見た倭王権と古代東アジア」（科学研究費補助金研究成果報告書、二〇〇七年）／吉井秀夫「古代東アジア世界からみた武寧王陵の木棺」（『日中交流の考古学』同成社、二〇〇七年）／岡林孝作「木棺の諸形態」（『古墳時代の考古学3　墳墓構造と葬送祭祀』同成社、二〇一一年）

水谷千秋（みずたに　ちあき）

1962年、滋賀県大津市生まれ。龍谷大学大学院文学研究科博士後期課程単位取得（国史学）。博士（文学）。堺女子短期大学教授。日本古代史、日本文化史専攻。著書に『継体天皇と古代の王権』（和泉書院）、『謎の大王　継体天皇』『女帝と譲位の古代史』『謎の豪族　蘇我氏』『謎の渡来人　秦氏』（以上文春新書）。

文春新書

925

継体天皇《けいたいてんのう》と朝鮮半島《ちょうせんはんとう》の謎《なぞ》

2013年7月20日　第1刷発行
2020年3月5日　第7刷発行

著　者　水谷千秋
発行者　大松芳男
発行所　株式会社 文藝春秋

〒102-8008　東京都千代田区紀尾井町3-23
電話（03）3265-1211（代表）

印刷所　理想社
付物印刷　大日本印刷
製本所　大口製本

定価はカバーに表示してあります。
万一、落丁・乱丁の場合は小社製作部宛お送り下さい。
送料小社負担でお取替え致します。

ISBN978-4-16-660925-3

文春新書好評既刊

水谷千秋
謎の大王　継体天皇
大和から遠く離れた地に生まれ異例の形で即位した天皇。そしてその死も深い闇に包まれている。現代天皇家の祖はどんな人物なのか
192

水谷千秋
女帝と譲位の古代史
推古・持統・元明……古代の女帝たちは単なる「中継ぎ」ではなかった。『謎の大王　継体天皇』の著者が、古代天皇制理解の急所に迫る
354

水谷千秋
謎の豪族　蘇我氏
大化の改新より逆賊とされてきた飛鳥第一の豪族を、初めてメインに取り上げ、古代王朝のシステムとアジア情勢を見直す画期的研究
495

水谷千秋
謎の渡来人　秦氏
政治や軍事には関わらず、織物、酒造、土木など殖産興業に本領を発揮。先端テクノロジーで古代国家の基盤を創った氏族の謎に迫る
734

矢澤高太郎
天皇陵の謎
古代天皇陵で陵名の天皇が本当にそこに葬られている例はほとんどない。では、誰がそこに眠っているのか？　古代史最大の謎に挑む
831

文藝春秋刊